Como parar de se sentir uma m*rda

ANDREA OWEN

Como parar de se sentir uma m*rda
14 hábitos que impedem a sua felicidade

Tradução
Patricia Azeredo

3ª edição

Rio de Janeiro | 2019

CIP-BRASIL. CATALOGAÇÃO NA PUBLICAÇÃO
SINDICATO NACIONAL DOS EDITORES DE LIVROS, RJ

O97c

Owen, Andrea

3. ed.   Como parar de se sentir uma m*rda: 14 hábitos que impedem a sua felicidade / Andrea Owen; tradução: Patricia Azeredo. – 3ª ed. – Rio de Janeiro: Best*Seller*, 2019.

Tradução de: How To Stop Feeling Like Sh*t
ISBN: 978-85-465-0094-9

1. Mulheres - Psicologia. 2. Autoconfiança. 3. Autoestima. 4. Relação homem-mulher. I. Azeredo, Patricia. II. Título.

18-49270

CDD: 305.42
CDU: 316.346.2-055.2

Meri Gleice Rodrigues de Souza – Bibliotecária CRB-7/6439

Texto revisado segundo o novo Acordo Ortográfico da Língua Portuguesa.

Título original
HOW TO STOP FEELING LIKE SH*T
Copyright © 2017 by Andrea Owen
Copyright da tradução © 2018 by Editora Best Seller Ltda.

Os direitos de tradução foram intermediados pela Taryn Fagerness Agency e Sandra Bruna Agencia Literaria, SL. Todos os direitos reservados.

Design de capa original: Anna Dorfman
Editoração eletrônica: Abreu's System

Todos os direitos reservados. Proibida a reprodução,
no todo ou em parte, sem autorização prévia por escrito da editora,
sejam quais forem os meios empregados.

Direitos exclusivos de publicação em língua portuguesa para o Brasil
adquiridos pela
EDITORA BEST SELLER LTDA.
Rua Argentina, 171, parte, São Cristóvão
Rio de Janeiro, RJ – 20921-380
que se reserva a propriedade literária desta tradução.

Impresso no Brasil

ISBN 978-85-465-0094-9

Seja um leitor preferencial Record.
Cadastre-se e receba informações sobre nossos lançamentos e nossas promoções.

Atendimento e venda direta ao leitor
sac@record.com.br

Este livro é dedicado a todas as mulheres que decidiram iluminar a própria vida.

SUMÁRIO

Introdução 9
Como aproveitar este livro ao máximo 13

1
Quando você é babaca consigo mesma:
como administrar a crítica interior 23

2
Vá embora e me deixe em paz:
o isolamento e o afastamento não vão protegê-la 47

3
Esforço para se desligar:
seus mecanismos de anestesia ainda funcionam? 65

4
Comparação e desespero:
o eterno "desgraçamento" de cabeça 85

5
Como demolir a própria vida:
autossabotagem 95

6
"Eu sou uma fraude":
a síndrome da impostora 105

7

Jogar para a plateia:
o esforço para agradar e a busca por aprovação 117

8

Refém do perfeccionismo:
o ápice da autodestruição 131

9

Sendo forte:
a força exterior que é só fachada 141

10

Deixa que eu faço:
aprenda a abrir mão do controle 153

11

O céu vai cair:
como parar de se preparar para o desastre 163

12

O jogo da culpa:
uma passagem só de ida para a desconexão 173

13

A mentalidade do "estou pouco me f*dendo":
cinismo anabolizado 181

14

Ninguém gosta de uma preguiçosa:
a desvantagem de ir além das expectativas 193

15

Valores:
conheça o GPS da sua vida 203

16

O que eu sei que é verdade 215

INTRODUÇÃO

No início de 2007 eu me vi no fundo do poço.

O homem com quem eu namorava tinha me convencido a largar meu emprego e meu apartamento para morar com ele. Enquanto planejávamos a mudança, descobri que ele tinha mentido em tudo durante nosso relacionamento, chegando até a inventar que estava com câncer para disfarçar seu vício em drogas. Ele torrou milhares de dólares que eram meus, e naquela mesma semana eu fiz um teste de gravidez, e deu positivo. Mais ou menos um mês depois, quando eu estava totalmente sem dinheiro, ele me abandonou. Eu tinha caído em um golpe.

Eu me senti humilhada, além de estar falida, sem emprego, sem lugar para morar e grávida. Para piorar ainda mais a situação, no ano anterior a tudo isso meu marido havia me trocado por outra mulher.

A pena que minha família, amigos e colegas sentiam de mim era insuportável. Eu percebia o desconforto deles quando estavam comigo. Ninguém sabia o que dizer ou como agir. Algumas pessoas até me evitavam — como se não quisessem chegar perto por medo de meus defeitos serem contagiosos. Eu odiava minha vida e me odiava por ter passado pelo que passei e ter chegado àquele ponto.

A solidão e a vergonha eram paralisantes. Era como se todo mundo que eu conhecesse estivesse em um casamento feliz e com filhos, ou, se estavam solteiros, certamente não eram um fracasso ambulante como eu. Eu sentia que não tinha salvação, além de me considerar a mulher mais burra do universo. Eu me perguntava repetidamente: "Como vim parar nesta situação e como pude ser tão idiota? O que há de errado comigo?"

INTRODUÇÃO

Em retrospecto, agora sei que nos anos anteriores a esse fundo do poço construí a vida de modo a me transformar no que eu imaginava que os outros esperavam de mim. Minha personalidade estava em frangalhos, eu não tinha a menor noção de amor-próprio e estava apavorada. Sentia pânico só de pensar no que aconteceria se as pessoas vissem quem eu era *de verdade*. Ficava aterrorizada ao pensar nos outros descobrindo minha ignorância ou percebendo o quanto eu precisava desesperadamente de outras pessoas e queria apenas amar e ser amada. Eu tinha construído minha vida em torno do perfeccionismo, da autossabotagem e da necessidade de controlar tudo, pensando que esses hábitos e comportamentos seriam capazes de me deixar em segurança. Mas não funcionou.

Quando comecei a me recuperar e a refazer a vida, em passos lentos, porém firmes, descobri que não fui a única mulher a construir a vida em torno desses hábitos. Ao abrir minha empresa de *coaching* e ajudar mulheres que lembravam a pessoa que eu tinha sido um dia, vi muitas delas adotando os mesmíssimos comportamentos autossabotadores que tive. E elas se perguntavam por que se sentiam uma merda.

Com o tempo, observei um padrão real de hábitos que botavam as mulheres para baixo e que eram imensamente comuns. Ao falar com outras mulheres de coração e alma feridos, descobri que todas sofriam com 14 pensamentos e comportamentos prejudiciais, e comecei a defini-los.

Quando reuni os 14 hábitos, comecei a entender que, embora a vida nos derrube, são esses hábitos que nos *mantêm* lá embaixo. Portanto, ao prestar atenção, identificar e dar um fim neles, nós obtemos força para reencontrar o caminho da força e da felicidade.

Ao montar minha empresa e começar a ensinar outras pessoas, eu acreditava que havia um jeito errado e um jeito certo de viver, e se você cedesse aos hábitos detalhados neste livro, estaria, inevitavelmente, fadada ao fracasso e à infelicidade.

Prepare-se, pois vou dizer algo que poderá surpreendê-la.

Todos os hábitos descritos nos próximos capítulos são *normais*. Ninguém vai ler este livro e pensar: "Imagina, não faço nada disso."

INTRODUÇÃO

E não há problema algum. Na verdade, é até bom. Algumas vezes você vai precisar desses hábitos. Eles são necessários para nos proteger dos sofrimentos da vida. Nós aprendemos a usá-los e eles realmente funcionam, embora temporariamente. Quando nos entregamos a esses hábitos a ponto de eles nos atrapalharem é que está o problema.

Alguns livros de autoajuda alegam que você recebe de volta o que lança para o Universo. Segundo eles, sua energia e atitude ditam suas circunstâncias e realidade. Eu costumava acreditar nisso, mas quanto mais olhava ao redor e ouvia as histórias alheias, percebia que algumas vezes *a vida simplesmente acontece.*

"A vida é difícil. Não por estarmos vivendo do jeito errado, mas porque ela é difícil mesmo."
— **GLENNON DOYLE MELTON**

Crises acontecem, as pessoas são babacas, nós levamos pés na bunda, as crianças fazem pirraça, os adolescentes nos fazem passar a noite acordados e morrendo de preocupação, o médico dá o diagnóstico que não desejávamos ouvir. Você não está vivendo do jeito errado, você não tem "vibrações ruins". A vida é desse jeito.

Mesmo assim você questiona se está fazendo algo errado, porque outras pessoas parecem ter a vida resolvida e você, não. Aí você acaba se sentindo sozinha e confusa.

Quando isso acontece, talvez você compre livros de autoajuda e ouça podcasts motivacionais em busca de respostas. Tem que haver alguma resposta, não é? Qual é o segredo, a explicação? Em seguida você faz sua lista: meditação, yoga, suco verde, seguir pessoas inspiradoras no Instagram e ler *todos os livros.*

Mas aqui está o que eu sei que é verdade: essa listinha não vai deixar você feliz e contente.

A "resposta", isto é, a chave para a felicidade, está em relacionar o passado ao seu comportamento atual e lançar uma luz sobre

INTRODUÇÃO

tudo o que dói e magoa. É uma questão de enfrentar os obstáculos, trabalhar de modo a processá-los e amar a si mesma ao longo da jornada. E também de aceitar todos os sentimentos e emoções que vêm durante o processo (mesmo que não façam sentido e pareçam errados) e repetir tudo de novo. *Isso* é liberdade e paz.

Este livro ensina a reconhecer os hábitos nocivos, escolher outros, melhores, e colocar o novo comportamento em prática. Erre e tente de novo. Repita tudo várias vezes. Este livro ensina a agir. Você não vai ler e pensar: "Hmmm... Isso parece bom." Não, você vai pensar: "Hmmm... Isso parece bom. Talvez meio desconfortável, mas vou experimentar. E provavelmente vou estragar tudo, mas vou continuar tentando, porque estou cansada de me sentir uma merda."

COMO APROVEITAR ESTE
LIVRO AO MÁXIMO

Há dez anos, quando fui para a terapia, após o divórcio, entrei no consultório da terapeuta e disse: "Quanto tempo vai levar para eu me curar disso? Porque estou pronta e quero começar agora."

Provavelmente, devo ter olhado para o meu relógio naquele momento, pensando que talvez pudéssemos resolver tudo em uma hora. Eu queria uma solução, e rápido.

Hoje em dia está claro que desenvolvimento pessoal é um processo lento, mas isso não nos impede de querer uma *resposta* clara e direta. Queremos uma *solução*, um processo passo a passo que nos permita riscar itens em uma lista com o objetivo de ser feliz, ter paz interior e curar nosso coração partido. Para isso buscamos gurus e especialistas que admiramos e com os quais nos identificamos e metemos mãos à obra e esperamos que o céu se abra com toda a glória da autoajuda.

Talvez o céu se abra, mas talvez não. O caminho de cada pessoa é diferente. Há quem mude rapidamente, enquanto outros levam mais tempo. De qualquer modo, quero ensinar o imenso poder de entender a si mesma. Por exemplo, digamos que você deu uma festa de arromba e na manhã seguinte acorda com olheiras e vai direto para a cozinha, sabendo que precisa limpar tudo. Você entra na escuridão do ambiente e o que faz primeiro? Começa a faxina no escuro? Não, você acende a luz! É preciso avaliar a situação, o que é preciso lavar, o que é preciso jogar fora.

O mesmo vale para o crescimento pessoal. Primeiro, é preciso que você veja o que deve mudar em sua vida e fazer um inventário para definir as ferramentas que vão ajudar nesse processo.

COMO APROVEITAR ESTE LIVRO AO MÁXIMO

Escrevi este livro como um caminho rápido para o autoconhecimento. Ao saber o que a joga para baixo e impede sua felicidade, será possível mudar de rumo. Quero que você se familiarize com as situações que a fazem se sentir uma merda e conheça seus valores tão bem quanto a lista de compras do supermercado. Quer dizer, você *sabe* como gosta do seu café e *sabe* quem deveria ter vencido o *The Bachelor*, mas será que *sabe* como quer viver? A cada dia? Você sabe quais são os seus gatilhos, é capaz de reconhecê-los? Quando conseguir fazer isso, terá perfeita consciência dos seus erros e poderá corrigi-los. É assim que você vai entrar em uma vida muito foda.

Além disso, reuni materiais e outras fontes de apoio, como meditações e planilhas, que correspondem aos hábitos descritos em cada capítulo. Basta ir até http://www.yourkickasslife.com/HTSFLS-study (em inglês) para obter mais informações.

O objetivo é prestar atenção aos seus hábitos, descobrir como eles estão atrapalhando e fazer o melhor para se livrar dos que não lhe servem. Ao fazer isso você estará no caminho da felicidade extraordinária.

A CHAVE PARA O SUCESSO

Em retrospecto, aprendi algo crucial no início da minha jornada. O fundamental para o sucesso em todas as áreas da minha vida na última década (amizades, casamento, filhos, carreira, corpo) não está relacionado a ser mais inteligente que os outros, a descobrir um segredo ou uma ferramenta. A chave está na persistência e no compromisso com o trabalho. Estamos falando de algo para a vida toda. Não é uma questão de ler um livro e fazer um workshop ou apenas trabalhar internamente quando algo der merda em sua vida. É uma prática constante. É sobre fracassar e recomeçar, de novo e de novo. É sobre obter pequenas e grandes vitórias. É, também sobre ter *insights* a respeito de fatos que você nem imaginava que fossem um problema.

COMO APROVEITAR ESTE LIVRO AO MÁXIMO

A chave está na persistência e no
compromisso com o trabalho.

Não importa o que você passou, sua situação atual ou mesmo daqui a um ano, a chance de ter o que você considera uma vida incrível, fodástica e bem-sucedida depende de sua capacidade de se comprometer com o trabalho interior e ser firme. E se você acabou de dizer que não tem tempo para se comprometer, vou dizer para o que você vai acabar tendo tempo: para se sentir uma merda. Você *tem* tempo. Só precisa priorizar. As palavras contidas nestas páginas não têm qualquer significado a não ser que você esteja disposta a olhar criticamente para sua própria vida e tomar uma atitude.

No fim de cada capítulo haverá uma lista de perguntas desafiadoras. Porque não basta ler as palavras e os capítulos sobre hábitos que não lhe servem, balançar a cabeça afirmativamente e pensar: "É, eu tenho esse hábito" ou "Também me sinto assim" e continuar agindo da mesma forma. Ao usar as perguntas para analisar sua vida de modo mais profundo, você vai tirar as ideias da cabeça de um jeito criativo (a escrita), o que vai ajudá-la a fazer algumas mudanças reais. Então, pegue um pedaço de papel e responda às perguntas sozinha, com uma amiga ou até em grupo.

PRESTAR ATENÇÃO

Além da persistência e do comprometimento, gostaria de destacar algo mais para ajudá-la a aproveitar este livro ao máximo: prestar atenção. Você vai ler sobre muitos hábitos e estados mentais com os quais vai se identificar. Após a leitura deste livro, quero que você tenha uma ideia clara de como esses hábitos acontecem (caso os tenha) e adquira um conjunto de ferramentas para ajudar a mudá-los. A verdadeira transformação acontece quando você passa a notá-los rapidamente no seu dia a dia.

COMO APROVEITAR ESTE LIVRO AO MÁXIMO

É uma questão de se interromper quando você disser sim para algo que não queria fazer e, dez segundos depois, falar para si mesma: "Ah, droga! Fiz isso para agradar os outros." Ou quando você estiver triste após deixar seu filho, ou filha, no primeiro dia de aula no jardim da infância, voltar para casa, sentir as lágrimas brotando e começar uma faxina imensa. Quero que você pare e diga: "Ops, estou tentando ser forte e me anestesiar." *Isso é uma vitória*. A partir daí, não se trata de ficar se recriminando por agradar as pessoas ou se anestesiar, e sim de reconhecer o hábito e/ou pensamento e experimentar as novas ferramentas.

Isso é prestar atenção.

Contudo, às vezes há uma desvantagem em prestar muita atenção em tudo. Você pode chamar de "pensar demais", mas vai além disso. No desenvolvimento pessoal, muitas mulheres conseguem identificar seus comportamentos e passam a rotular tudo o que fazem. Isso é bom? Ter consciência é bom, não é? Isso é ruim? Obsessão é ruim, certo? Como saber o momento de analisar e o de esfriar a cabeça? E se não conseguirmos parar de pensar demais? O que acontece quando a autoanálise é constante?

Isso se chama "excesso de identificação" e diz respeito a nossa tendência de examinar exageradamente tudo o que fazemos. Acontece muito com mulheres inteligentes e bem-sucedidas.

Então, se você perceber que está fazendo isso, primeiro de tudo: você é normal, e quero elogiar seu comprometimento com o trabalho. No entanto, o objetivo não é analisar todo o seu estado mental e emocional. Faça um esforço para prestar atenção, mas tente não se exceder. Descubra onde você tem mais problemas e onde há espaço para melhorar, reconheça quando esses comportamentos surgirem, depois, use as estratégias recém-aprendidas e deixe que isso seja suficiente. Além disso, não se esqueça de ser gentil consigo mesma ao longo do processo!

COMO APROVEITAR ESTE LIVRO AO MÁXIMO

RECONHECER A VERGONHA

No verão de 2014 fui a San Antonio, Texas, para um treinamento sobre o The Daring Way™, modalidade baseada na pesquisa da Dra. Brené Brown. O trabalho me abalou profundamente, tanto em nível pessoal quanto profissional. Fiquei em êxtase ao ver que o tema da vergonha está ganhando destaque no desenvolvimento pessoal e sou eternamente grata a Brené pelo seu trabalho. Algumas ferramentas e conceitos deste livro vieram da pesquisa feita por ela.

A vergonha parece ter virado o assunto do momento, e isso é bom. As pessoas estão falando mais sobre o que as impede de viver a felicidade. Contudo, as mulheres me disseram, várias vezes, que não percebem a vergonha, mesmo quando a sentem. É como se elas não conseguissem identificar o sentimento. Eu entendo. Quando pensamos em alguém envergonhado, imaginamos que a pessoa fez algo inconcebível e seus atos foram divulgados: ela foi pega roubando dinheiro da igreja e toda a congregação sabe. Ele foi pego tendo um caso com a psiquiatra e a cidade inteira está fofocando sobre isso. Ou talvez a pessoa sinta vergonha por outra: uma mãe alcoólatra que vai à peça da escola do filho bêbada ou um filho que foi preso por roubar uma loja.

Aprendi que a vergonha não só é mais comum do que pensamos como acontece frequentemente em cenários bem específicos. Odeio cortar o barato de quem pensa que não tem esse problema, mas *todos nós* sentimos vergonha. Se não a encaramos, se não a identificamos honestamente, processamos e aprendemos a lidar com ela, então a vergonha está nos controlando. Estamos correndo de um sentimento que sequer sabemos que existe em nós.

Brené Brown descreve a vergonha como "a sensação ou experiência intensamente dolorosa de acreditar que somos defeituosos e, consequentemente, indignos de receber amor. É algo que vivenciamos, fizemos ou não conseguimos fazer que nos leva a ser indignos de pertencimento e conexão".

É uma definição fantástica e bastante útil, porque muita gente não faz ideia que se sente "indigna de pertencimento e conexão".

COMO APROVEITAR ESTE LIVRO AO MÁXIMO

Vou explicar o que é isso, como se manifesta na vida adulta e a relação desse sentimento com os hábitos sobre os quais você está prestes a ler.

Vou começar dando um exemplo da minha experiência no ensino fundamental que envolve vergonha pública.

Era o dia da formatura da minha oitava série. Eu usava o lindo vestido que tinha comprado com minha mãe e consegui pegar emprestado dela um suéter de cardigã com ombreiras grandes demais para mim, mas estávamos em 1989, então, era perfeito. Quando meus pais e eu saímos do estacionamento e fomos andando até a escola, duas garotas populares me viram. Uma delas apontou para mim e disse para a outra: "Ai, minha NOSSA, o que ela está *vestindo*?" E as duas riram histericamente. Eu tinha me achado bonita e confiante naquela manhã, mas depois de ouvir aquilo eu me senti horrível e ridícula.

Isso era vergonha.

Esse caso aparentemente pequeno é bastante comum. Todas nós já vivemos algum tipo de vergonha ou humilhação pública. Quem cursou o ensino fundamental geralmente tem uma história (ou dez) parecida com essa. Quando crianças, éramos humilhadas pela família, pelos amigos ou na escola. Na vida adulta, a vergonha acontece no trabalho, com o cônjuge, os amigos e a família.

Outro exemplo mais recente expôs uma identidade que nossa cultura considera "inaceitável" e frequentemente leva à sensação de vergonha. Há alguns anos, eu e meu marido nos mudamos para outro estado, o que incluía uma escola nova para meus filhos. Por isso, eu estava em uma reunião com a diretora da escola primária, a nova professora do meu filho e a coordenadora de educação especial. Como meu filho está no espectro do autismo, o psicólogo que o diagnosticou mandou um relatório sobre ele para a escola.

Durante a reunião, a coordenadora de educação especial começou a ler o histórico médico do meu filho em voz alta, dizendo inocentemente: "Colton vive com a mãe, o pai e a irmã. A mãe tem um histórico de abuso de álcool..." Eu não faço ideia do que foi dito depois disso, porque só conseguia ouvir o barulho do sangue

COMO APROVEITAR ESTE LIVRO AO MÁXIMO

nos meus ouvidos e as batidas furiosas do meu coração. Comecei a suar nas mãos e a sentir formigamento nas axilas.

Estávamos em uma nova cidade, e eu não conhecia ninguém ali. Havia poucos minutos eu estava em uma conversa amigável com essas mulheres que achei que podiam ser minhas amigas. Quando ela leu em voz alta: "A mãe tem um histórico de abuso de álcool", eu me perguntei: "Devo interrompê-la e dizer que estou sóbria há anos? Elas vão fofocar a meu respeito? Será que elas estão me julgando agora?" Senti uma necessidade avassaladora de sair correndo, de me defender e chorar, tudo ao mesmo tempo.

O que todas as histórias de vergonha têm em comum é que suas protagonistas se sentiram uma merda. Muito, muito mal mesmo. Não há emoção como esta. Como Brené Brown disse: "A vergonha é uma emoção destruidora." É uma sensação tão universalmente odiada que, quando a experimentamos, nunca mais queremos sentir de novo. *Nunca.* Nós podemos não pensar isso de modo consciente, mas no fundo sabemos que desejamos vê-la *bem longe*.

Minha humilhação na formatura do ensino fundamental aconteceu há mais de 25 anos, mas eu me lembro da sensação como se fosse hoje. Os detalhes ainda são vívidos. Eu me lembro até dos nomes das garotas que riram de mim. A sensação desse incidente aparentemente pequeno se entranhou em mim e passou a definir não só quem eu era, mas como me comportava.

Por isso é importante saber identificar a vergonha antes mesmo de começar a pensar nos 14 comportamentos que serão explicados neste livro. Todas nós temos um instinto de evitar a vergonha. Conscientemente ou não, passamos a vida fazendo tudo para evitá-la, e isso vira uma força que move os nossos hábitos destrutivos. É aí que nascem o perfeccionismo, a ânsia de agradar os outros, a culpa, a autossabotagem, os vícios, o isolamento e a fuga, o controle, o esforço excessivo para ser bem-sucedida e todos os outros hábitos que serão analisados aqui. Se você apresenta algum ou todos esses comportamentos regularmente, adivinha quem está no comando? Isso mesmo: A VERGONHA.

COMO APROVEITAR ESTE LIVRO AO MÁXIMO

Se você não aprender sobre a vergonha, ela poderá causar qualquer um dos comportamentos que serão explicados neste livro. Se você acha que não tem vergonha ou tem pouca, provavelmente vive em um estado constante de fuga desse sentimento.

Ao ler os hábitos deste livro, saiba que muito provavelmente você os usa como escudo. Saiba que esses hábitos são o que você faz para se proteger da vergonha. Portanto, aprecie-os por tentarem protegê-la e, depois, prepare-se para abandoná-los.

Porque, quando estamos envolvidas no perfeccionismo, em agradar os outros, em nos anestesiar e todos os outros hábitos, não estamos criando uma solução real para o problema. No máximo, estamos aplicando um curativo descartável e vagabundo em uma ferida que exige mais atenção. E essa atenção exige o seguinte:

1. Aumentar a consciência dos comportamentos não alinhados ao que você quer ser. Eu sei que você não quer viver para agradar os outros. Também sei que você deseja se conectar com as pessoas em vez de se esconder quando o bicho pega, e quer fazer o seu melhor em vez de sofrer com o perfeccionismo. Quando você sabe que está tendo esses comportamentos, pode tomar medidas para corrigi-los.

2. Definir os seus valores. É preciso conhecê-los bem, como quando você conhece o jeito como gosta do seu café (veja mais no Capítulo 15). O que é importante para você? Será que consegue citar o que considera mais importante em seu jeito de viver o dia a dia? O que significa honrar essas prioridades?

3. Praticar. Você não vai acertar sempre, nem na maioria das vezes. Mudar comportamentos é uma tarefa e tanto. Algumas vezes você vai fazer tudo errado; outras vezes, vai acertar e sentir orgulho de si mesma e assim por diante, pelo resto dos seus dias. No fim das contas, quanto mais você praticar, mais rápido vai desenvolver novos hábitos, deixando a felicidade entrar em sua vida para ficar.

COMO APROVEITAR ESTE LIVRO AO MÁXIMO

DAR A CARA A TAPA

Você vai ver em alguns capítulos a frase "dar a cara a tapa". Isso pode parecer estranho, não é? Deixa que eu explico...

Dar a cara a tapa é estar disposta a se envolver em algo desconfortável quando você preferia se afastar e dizer "NÃO!". Quando você dá a cara a tapa, consegue uma permissão automática para se sentir apavorada, esquisita e fora do seu elemento. Mas você também fica inspirada! Você vai fundo, faz o trabalho e se sente corajosa ao mesmo tempo!

É isso que significa dar a cara a tapa.

No dia a dia, ao enfrentar uma situação difícil e desconfortável (pensamentos negativos, uma conversa terrível embora necessária com um colega de trabalho mal-humorado, filhos difíceis), você tem duas escolhas:

1. Não fazer nada, ficar se sentindo uma merda e morrendo de medo, e tudo vai permanecer como está.
2. Aceitar que está desconfortável, mas ser corajosa, apesar de sentir medo ao mesmo tempo, e ver uma mudança real.

Notou que as duas escolhas envolvem sentir medo? Porque não dá para passar pela vida, ter coragem e uma vida fodástica sem que o medo faça parte do pacote.

Ao dar a cara a tapa e fazer o trabalho, você declara que está cansada de ser má consigo mesma e de se envolver em hábitos que a fazem se sentir mal e que está pronta para mudar. Eu lhe dou nota 10 por isso.

Obviamente, haverá momentos em que você vai se sentir estranha e esquisita a ponto de querer fugir dos próprios sentimentos e da sua consciência. Tudo bem. *Claro que é esquisito.* Você está se comportando de uma determinada forma por décadas, então vai levar mais do que um minuto para se sentir confortável para implementar comportamentos mais saudáveis. Não conheço ninguém que espere ansiosamente para ter uma conversa difícil e definir

COMO APROVEITAR ESTE LIVRO AO MÁXIMO

limites: "Oba, mal posso esperar para ter essa conversa embaraçosa com minha mãe sobre não querer mais discutir política em casa." Mas tudo vai ficar mais fácil! Você vai sentir o medo se dissipar e a confiança e a energia ocupar o lugar dele.

Às mulheres desconfortáveis, assustadas e de coração partido deste mundo: sejam bem-vindas! Guardamos um lugarzinho para vocês, que são exatamente como nós. Nós as amamos como são, e vocês ainda podem querer melhorar. Eu tenho uma certeza: quando uma mulher está determinada a mudar de vida, prestando atenção a si mesma e aos próprios objetivos, ninguém a segura. E essa mulher, querida leitora, é você.

Estou empolgadíssima com o seu compromisso de aprender mais sobre você mesma. Porque, ao saber mais, você vai fazer bom uso dessas novas ferramentas que podem fazê-la se sentir melhor, e você vai virar outra pessoa.

E quando você virar essa pessoa que é mais gentil consigo mesma, vai inspirar outras pessoas a fazer o mesmo. O efeito propagador pode mover montanhas, e as mulheres têm o poder de mudar não só a si mesmas, mas também o mundo.

Então arregace as mangas, prenda o cabelo e vamos começar a trabalhar.

CAPÍTULO 1

Quando você é babaca consigo mesma: como administrar a crítica interior

Parece que você foi atropelada por um caminhão.

Até parece que você é capaz de ser promovida.

Usar biquíni? Tá bom. Só se for em outra vida.

Você já esteve em um relacionamento verbalmente abusivo em que a outra pessoa a critica o tempo todo, acha que você nunca é boa o suficiente e sempre a faz se sentir horrível? Um relacionamento no qual você começa a duvidar de si mesma e acreditar em tudo de horrível que a outra pessoa diz para você e a seu respeito? Ou talvez você não tenha vivido esse tipo de relacionamento, mas conhece alguém que passou por isso e foi extremamente doloroso acompanhar?

Ah, como eu *queria* estar falando sobre outra pessoa, mas estou falando do jeito como você fala *consigo mesma*.

Mesmo que nunca tenham falado com você desse jeito, aposto que você às vezes (ou o tempo todo), fala assim consigo mesma, e que o seu diálogo interior não é carinhoso. Por exemplo, qual é o seu discurso interno quando vê seu reflexo no espelho após sair do banho? Ou quando comete um erro? Ou quando outra pessoa

COMO PARAR DE SE SENTIR UMA M✳RDA

recebe a promoção que você desejava? Ou quando você começa a se comparar a outras mulheres?

Nesses casos, sua conversa interior é gentil e tranquilizadora? Como um cobertor quentinho que acabou de sair da secadora e tem cheiro de amor?

Duvido.

Eu começo com este capítulo porque essa voz interna, em geral definida mais corretamente como "crítica interior", é o comportamento mais comum, que leva as mulheres a se sentirem uma merda.

Vejamos Valerie, cabeleireira de 31 anos:

> Digo a mim mesma, com frequência, que sou gorda e por isso ainda estou solteira aos quase 32 anos. Eu critico minhas escolhas alimentares e a maioria das minhas decisões o tempo todo.
>
> Minhas amigas estão se casando e tendo filhos, e sempre que me comparo a elas sinto que não estou à altura. Se eu fosse mais magra, mais extrovertida, mais "algo", já teria um relacionamento bem-sucedido.
>
> Meu trabalho exige boa aparência, e frequentemente as pessoas me dizem que estou bonita, mas nunca acredito. Sinto que elas estão apenas sendo educadas.

A história de Valerie é comum — ela se compara a outras pessoas (leia mais sobre isso no Capítulo 4) e acredita que a felicidade depende de algo externo.

Às vezes, a crítica interior pode ser extremamente dura, como no caso de Suzanne:

> Passo a maior parte da vida querendo cuidar de todo mundo e me esqueço de mim. Nunca me sinto importante. Falo comigo mesma de um jeito que JAMAIS falaria com outro ser humano. A compaixão e o amor-próprio não existem. Se eu faço alguma besteira (como as pessoas normais fazem), não é apenas um erro. Eu digo a mim mesma que sou horrível, burra, gorda, feia, além de um fracasso total como pessoa, mulher, esposa, amiga,

irmã... Cite uma atividade e vou dizer que sou péssima nela. Eu chafurdo nesse estado mental terrível e considero essas palavras verdades absolutas. Meu cérebro sabe que nada disso é verdade, mas não faz diferença. A vergonha desses sentimentos e os métodos autodestrutivos que uso para esconder essa vergonha são horríveis e me sinto indefesa para sair dessa situação, mesmo com minha terapeuta.

É bom deixar claro que a crítica interior nem sempre parece um monólogo ou uma articulação de pensamentos. Algumas mulheres dizem que a crítica interior delas é uma sensação geral de "não ser boa o bastante", uma suspeita incômoda de que todo mundo tem a vida resolvida, menos você, e aquela ideia de "Não sou igual às outras pessoas".

Se você se identificou com essas histórias sobre monólogos interiores, talvez este seja o seu caso: quando você pensa em conseguir algo importante, supõe que não vai dar certo logo de cara, e nem tenta. Talvez você se compare a outras mulheres sem registrar isso em palavras ou detalhes. É como se o conselho diretor da sua vida, que você não nomeou, fizesse uma reunião para decidir seu valor e você acreditasse na avaliação feita por ele, de que você está para trás em relação aos outros.

DE ONDE VEM ISSO?

De onde vem essa voz? Das profundezas do inferno?

Bom, na verdade, sim, vem de uma cidadezinha infeliz bem no meio do inferno da qual o prefeito é uma babaca.

Estou brincando, é claro. Mas continue lendo para descobrir os instigadores mais comuns da autocrítica.

Família

A primeira fonte da sua crítica interior geralmente é sua família de origem. Alguns podem olhar para a criação que receberam e ver um cemitério de memórias dolorosas, enquanto outros talvez não se lembrem dessa dor que joga você no chão, apenas guardando as experiências mais sutis.

Sendo mãe, consigo perfeitamente ver a origem disso. Queremos que nossos filhos se encaixem, que sejam bem-sucedidos e confiantes. Queremos ajudá-los o máximo possível a escapar das dores e dos problemas do crescimento. Não é isso? Ninguém acorda todos os dias pensando: "Como posso fazer meu filho sentir que não é bom o bastante?"

Nós temos boas intenções e, às vezes, na tentativa de "ajudar" nossos filhos a se encaixar e evitar problemas, sem querer acabamos causando um sentimento de inadequação. Veja a história de Heather, por exemplo:

A crítica interior surge quando se trata da minha imagem corporal e aparência física. Luto com isso desde a infância. Cresci em uma casa na qual se dava grande ênfase à aparência. Eu me lembro de ter 7 anos de idade e odiar meu corpo. Minha mãe (eu não a culpo, ela fez o melhor que pôde na época) queria me vestir, cortar meu cabelo, fazer permanente (sim, eram os anos 1980), e eu deixava, totalmente contra a minha vontade. Eu me lembro de ter plena consciência da minha aparência e de ser extremamente crítica sobre mim. A autocrítica, definitivamente, estava presente quando cheguei à adolescência e, parando para pensar, percebo que meu valor como pessoa estava totalmente relacionado a minha aparência física. Eu me alimentava da atenção de qualquer pessoa que me achasse atraente, especialmente garotos. Se alguém me achava bonita, então eu podia ser amada. Essa sensação de merecimento era intoxicante.

Estou com 40 anos e isso ainda é um problema. Quando minha crítica interior fala, é a voz do medo dizendo: "É melhor você perder 2 quilos e dar um jeito nessas rugas ou não será boa o suficiente." Eu sei que a aparência não define quem eu sou, mas esses medos e sentimentos estão tão arraigados que preciso de lembretes diários para mudar esses pensamentos e comportamentos.

Quero enfatizar a última frase, em que Heather alega saber logicamente que sua aparência não define quem ela é, mas precisa trabalhar todos os dias para não acreditar nisso, porque seus medos e sentimentos estão muito arraigados.

Veja bem: a crítica interior é forte. É por isso que falo repetidamente (e mais um pouco) sobre esse trabalho ser um esforço diário e constante, e não apenas coisa de momento. É preciso muita prática para desfazer esse condicionamento.

Além das merdas faladas pela sua família (ou, quem sabe, em vez delas), você pode ter uma crítica interior vinda de um relacionamento antigo (ou atual). Conforme mencionei no início deste capítulo, as marcas dos relacionamentos verbalmente abusivos podem ficar por muito tempo após você ter terminado. Ou talvez seu parceiro não fosse necessariamente abusivo, mas fizesse comentários negativos sobre sua aparência, inteligência ou outra característica sua. A pessoa pode ter feito esses comentários como piada ou brincadeira, mas eles se entranharam profundamente em seu sistema de crenças.

Cultura

O segundo lugar do qual sua crítica interior pode vir é a cultura. Esse é um dos assuntos que gera reações do tipo "Ih, melhor nem começar", mas é preciso falar sobre isso, porque se trata de uma força poderosa demais para ser ignorada.

A verdade é que vivemos em uma cultura que lucra com o fato de as mulheres não se sentirem boas, bonitas e magras o suficiente. Grandes empresas ganham muito dinheiro com essa ideia. Ela ajuda a economia. Muitos argumentariam que algumas religiões preferem que as mulheres se sintam menores e insuficientes como forma de mantê-las na linha.

Às vezes, é uma questão de classe social. Quando eu tinha 20 anos, namorei um cara que cresceu em uma cidade abastada perto da minha. Era onde os "riquinhos" moravam. Ele tinha se formado na Universidade da Califórnia e fazia MBA. De alguma forma surgiu o assunto trabalho e planos para o futuro, e citei minha graduação em Moda. Ele riu e perguntou, despreocupadamente: "Isso é um diploma de verdade?"

Meu olhar horrorizado o fez recuar e pedir desculpas na mesma hora, mas o recado foi claro: eu não era boa o bastante para ele ou boa o bastante no geral. Mesmo que ele realmente não pensasse isso (mas pensava, pois era um babaca), em uma cultura que valoriza de onde você veio e onde estudou, comentários como esse batem fundo, formam crenças a nosso respeito e são difíceis de se livrar.

Fatores como a aparência podem criar gatilhos para a crítica interior, assim como a classe social e o status. Igualmente importantes, mas pouco comentada são a etnia e a sexualidade. Uma de minhas colegas, Andréa Ranae Johnson, diz: "Na minha experiência de mulher negra, alguns dos meus diálogos internos negativos dizem que sou perigosa, que ter raiva não é bom e que preciso me conter, pois isso é projetado em nós desde a infância."

MAS, AFINAL, POR QUE O JEITO COMO FALO COMIGO MESMA É IMPORTANTE?

Talvez o diálogo interno negativo seja natural para você. Você pode estar pensando: "E daí? Se eu sou gentil com *outras* pessoas, realmente importa que eu seja gentil comigo mesma?"

Em uma palavra, sim. O motivo óbvio (ou nem tão óbvio assim) é que quando você não tem compaixão por si mesma — quando repreender e falar mal de si mesma passa a ser um hábito —, você se sente uma merda.

QUANDO VOCÊ É BABACA CONSIGO MESMA

Talvez não seja aquela sensação de andar por aí de cabeça baixa e com o rabo entre as pernas, mas se você se critica o tempo todo, isso afeta sua felicidade em geral, sua autoconfiança e autoestima. E isso também se espalha por outras áreas da sua vida, alimentando o perfeccionismo, a necessidade de controle, o desejo de se esconder e vários outros hábitos dos quais falaremos neste livro.

E se você tem filhos, está em um relacionamento ou tem amigos (isto é, todo mundo), essa autocompaixão é uma ferramenta universalmente necessária para ter relacionamentos melhores, e, na minha humilde opinião, tem a capacidade de mover montanhas. Se mais pessoas fossem gentis consigo mesmas, o mundo inteiro mudaria.

COMO RESOLVER ISSO?

Agora que você sabe como é a crítica interior, de onde ela vem e o que faz com você, vamos para a parte que ensina a não ser babaca consigo mesma, certo?

Em resumo, este é o processo de praticar a gentileza e a compaixão em relação a si mesma e não deixar mais que a crítica interior mande em você. Vou detalhar cada um desses itens.

- Observar o diálogo interno negativo. (É óbvio, eu sei. Calma, que eu explico.)
- Conhecer seus gatilhos.
- Comprometer-se com o processo, usar as ferramentas e seguir em frente.

A solução começa com o reconhecimento. Reconhecer quando sua voz interior está sendo cretina. Ouça e veja. Ter consciência é metade da batalha. Se você não sabe o que é e quando acontece, vai continuar ouvindo e acreditando. Uma vez identificada a ideia errada, você poderá colocá-la em seu devido lugar e mandá-la para longe.

Reconhecer para mudar

Muitas mulheres dizem nem perceber que o diálogo interno está acontecendo até estarem atoladas nele até o pescoço. Ou então elas o ouviram por tanto tempo que se acostumaram e consideram tudo verdade.

Costumo dizer às pessoas que a parte mais difícil do trabalho consiste em descobrir exatamente o que está acontecendo antes de aprender as ferramentas para mudar a situação. Por quê? Surpresa! Porque nós *não gostamos de sentir*.

Eu disse "nós" porque, se houvesse um clube do "vamos *pensar e agir como der na telha*", em busca do desenvolvimento pessoal, eu seria a presidente. Mas aprendi que precisamos *pensar, fazer e sentir* durante todo esse processo de construção de uma vida feliz, e a compaixão consigo mesma não é exceção.

O jeito mais simples para isso é fazendo um inventário do que a crítica interior diz a seu respeito. Aqui está um exercício para guiá-la.

Pegue um pedaço de papel e faça uma lista de todas as diferentes áreas de sua vida:

- Relacionamentos/parcerias
- Amizades
- Corpo/aparência física
- Trabalho/carreira
- Criação de filhos
- O passado
- O futuro

Para cada item da lista, pergunte a si mesma: o que minha crítica interior diz a meu respeito especificamente nessa área?

Identifique as que mais afetam sua vida. Sim, todas elas, provavelmente, causam embaraço — mas há algumas que certamente estão afetando sua felicidade e bem-estar como um todo?

Pode haver áreas das quais sua crítica interior não tem muito a dizer. Talvez a situação esteja tranquila no trabalho ou seus relacionamentos estejam ótimos. Este não é um convite para inventar nada. Se algo não se aplica a você, vá para o próximo item.

Para as outras áreas, seja aberta e sincera sobre as mensagens que prejudicam.

Mas por que raios eu quero torturá-la, fazendo você colocar para fora tudo de ruim que a crítica interior diz a seu respeito? *Porque não dá para fazer a faxina se você não conseguir ver onde especificamente está a bagunça.* Depois que você tiver consciência da crítica interior, estará a meio caminho de gerenciá-la e demonstrar compaixão por si mesma. Por isso quero que você e sua crítica interior se conheçam muito bem. Intimamente, até.

Tenha em mente que essa lista é sobre o que está acontecendo agora, e pode mudar de uma semana para outra. Se você entrar em um novo relacionamento ou criar novos objetivos de vida, sua crítica interior vai ter tomates podres novinhos para jogar em você. É bom atualizar regularmente sua lista, pois isso pode ajudá-la a alcançar um lugar de consciência automática: você ouve a crítica interior falando e imediatamente sabe o que está acontecendo, em vez de ficar sentada remoendo algo sem propósito.

Algumas palavras sobre usar a crítica interior como muleta

Agora que você sabe que a voz da crítica interior não pode ser totalmente silenciada e está conhecendo as ferramentas para gerenciá-la, poderá ficar tentada a usar essa voz como fonte de motivação. Talvez você pense que ao falar mais gentilmente consigo mesma e deixar de ser um capacho poderá ficar meio preguiçosa. Você *precisa* da crítica interior para ajudá-la a mandar ver na vida, certo?

Os pensamentos podem ser assim:

"Ah, a Janice perdeu 10 quilos recentemente. Que inspirador! Se ela consegue, eu posso perder 20."

"Fui muito idiota e estraguei aquele projeto no trabalho. Vou trabalhar até tarde e chegar cedo o mês inteiro, além de fazer melhor da próxima vez. Eles vão ver o quão incrível eu posso ser."

"Sei que meu marido gosta de bunda, e a minha já foi melhor. Então, vamos caprichar nos agachamentos, Sra. Tábua!"

Sua crítica interior a está comparando a outras pessoas, dizendo que você pode fazer melhor, instigando-a com base na ideia de que você está aquém ou fracassando, e usando qualquer "atalho" para tentar fazer de você uma pessoa melhor.

(Você sabe aonde isso vai chegar, não é?)

Senhoras, vamos ser honestas agora. Sua crítica interior esta sendo babaca. Em algum momento você se sentiu bem com esse papinho? A menos que você seja masoquista, isso não faz bem. Sabe o que sempre funciona para fazer você se sentir melhor e vencer no final? Amor, gentileza e compaixão. Todos direcionados a você.

Sabe o que sempre funciona para fazer você se sentir melhor e vencer no final? Amor, gentileza e compaixão. Todos direcionados a você.

Criticar a si mesma pode mudar seu comportamento naquele instante, mas posso garantir que é apenas em curto prazo, pois acaba fazendo você se sentir uma merda, e vai diminuir sua autoconfiança.

É importante entender isso, porque a crítica interior vai além dos pensamentos em sua mente. A crítica interior manda mensagens que vêm das crenças mais profundas que você tem a seu respeito. Nesses momentos, quando você analisa seu corpo no espelho, entra em *outra* briga conjugal e sente que a culpa é sua ou comete um erro no trabalho, pergunte o que você acredita ser verdade, no fundo, em relação a si mesma.

Provavelmente, as respostas vão ser mais ou menos assim:

QUANDO VOCÊ É BABACA CONSIGO MESMA

"Não sou magra o bastante, ou bonita o bastante."
"Nunca vou estar em um relacionamento saudável, porque sou
muito difícil de amar."
"Todo mundo tem a vida resolvida, menos eu."
"Sou uma fraude, logo todos vão descobrir isso."

A crítica interior parece pensar que seu trabalho consiste em nos lembrar regularmente dessas crenças, *além* de — aí é que está o ponto — procurar e apontar "provas" da veracidade delas.

"Tá vendo? Esta calça está apertada. Ainda estou enorme."
"Tá vendo? Outra discussão. Vou morrer sozinha mesmo."
"Tá vendo? Estraguei tudo no trabalho de novo. *Sou uma fracassada.*"

Pelo amor do que você acredita, não precisa ser assim. Ninguém consegue ser feliz, bem-sucedida, ter boa saúde ou uma vida fodástica se criticando o tempo todo. A solução envolve compaixão, gentileza e um trabalho lento para mudar seus pensamentos e crenças. Repetidamente.

> Ninguém consegue ser feliz, bem-sucedida, ter boa saúde ou uma vida fodástica se criticando o tempo todo.

Ou, então, você continua acreditando nas babaquices da crítica interior e se sentindo uma merda. A escolha é sua.

Conheça seus gatilhos

Alguns gatilhos podem ser óbvios. Você sabe que as críticas feitas pela sua sogra ao jeito como cria seus filhos vão fazê-la se sentir uma merda e irritada. E também sabe que seguir certas modelos ou praticantes de yoga no Instagram vai deixá-la se sentindo inadequada.

Contudo, às vezes os gatilhos são sorrateiros.

Lá no fundo da alma temos uma necessidade biológica de pertencimento. Por isso, a forma como as pessoas nos veem é importante para nós. Vou falar mais sobre se importar com o que *todos* de nós nos Capítulos 7 e 13, mas aqui está um exercício que vai demonstrar o quanto a crítica interior aproveita o fato de você se importar muito com a percepção que os outros têm a seu respeito.

- Mais uma vez, faça uma lista para cada área da sua vida.
- Em cada item, escreva algumas palavras que você jamais gostaria que outras pessoas usassem para descrevê-la. Por exemplo, em relacionamentos talvez você não queira ser vista pelo seu cônjuge como carente, histérica, problemática, insegura e chata. Talvez, no trabalho, você não queira ser vista pelo seu chefe e pelos colegas como pouco qualificada, irresponsável e inexperiente. É importante abordar *todas as áreas* da sua vida. Não pule ou resuma nada, dê a cara a tapa mesmo.
- Depois, pergunte o que cada uma dessas percepções significa para você. *Por que* é tão importante não ser percebida pelo seu cônjuge como carente? Este exercício não é para mudar tais pensamentos, mas apenas para ajudá-la a ter consciência deles.

Sendo bem dramática, essa ferramenta mudou minha vida. Agora sou capaz de reconhecer quase instantaneamente quando estou me criticando por estar em pânico em relação à forma pela qual os outros me veem.

Por exemplo, logo depois de ter aprendido esse exercício eu marquei uma entrevista com uma mulher que eu admirava e que queria em meu podcast havia muito tempo. Ela marcou na parte

QUANDO VOCÊ É BABACA CONSIGO MESMA

da tarde, mas esse horário é difícil para mim, porque meus filhos estão em casa. Não é impossível, mas é complicado. Contrariando o meu bom senso, aceitei.

Alguns dias depois, eu estava no quintal brincando com meus filhos, quando recebi uma notificação no celular, às 15h05, dizendo: "Oi, aquela entrevista das 15h ainda está de pé?"

Eu pensei: "PUTA MERDA! AI, MEU DEUS, AI, MEU DEUS, AI, MEU DEUS." Eu tinha me esquecido completamente da entrevista.

Respondi na mesma hora: "Mil desculpas, me dá cinco minutos?" Lancei alguns M&Ms e um iPad para meus filhos, disse para eles me deixarem em paz por uma hora porque a vida deles dependia daquilo e corri até o andar de cima para entrevistá-la.

Naqueles cinco minutos de preparação, cedi ao medo que ela me visse como desorganizada, esquisita e inexperiente. Eu queria desesperadamente me explicar para ela e para mim mesma, e comecei a me criticar.

Você devia ter se organizado melhor. Ela provavelmente acha que sou uma burra e completamente tapada.

Cometi um erro e imediatamente me ataquei. Foi rápido, mas foi feio. Porém, tão rápido quanto começou, eu percebi e parei, dizendo a mim mesma: "Foi um erro. Não é tão grave. Apenas peça desculpas. Acontece com todo mundo. Literalmente, todo mundo comete erros como esse."

Foi isso. Então segui em frente.

Observe que não senti a necessidade de dizer para mim mesma o quanto eu era incrível ou que ela não pensava aquelas coisas a meu respeito. Minha mente sabe quando estou tentando me enganar para não me sentir mal. Isso nunca funciona. O que fiz foi dizer a verdade para mim mesma: todos cometem erros, o erro não foi tão importante assim, eu posso consertar a besteira que fiz, e tudo bem.

Além disso, observe que não estou me sentindo mal sobre ter esses gatilhos. Afinal, gatilhos podem estar bem arraigados e eles fazem parte da natureza humana. A chave é saber quando você está caindo neles, para conseguir falar consigo mesma de modo mais gentil.

Isso é autocompaixão.

Resumindo, o processo para conhecer seus gatilhos e superá-los é:

- Identifique os seus gatilhos. Tenha consciência dos seus medos específicos sobre ser vista de determinada forma. Conheça-os bem. Se você for sincera em relação aos seus gatilhos, em todas as áreas de sua vida, vai treinar seu cérebro para notar quando não estiver sendo gentil consigo mesma.
- Perceba quando caiu em um gatilho. Quando você está vulnerável (cometeu um erro, discutiu com alguém ou está experimentando algo novo), a probabilidade de reagir é grande. Se você identificar suas próprias reações, rapidamente poderá interromper o ciclo negativo.
- Comece a falar de você com gentileza. Não precisa exagerar. Vá direto ao ponto, e dê uma folga a si mesma.

Prática e comprometimento

Uma verdade: se você quiser controlar a crítica interior, detectar quando ela acontece e passar a ser misericordiosa consigo mesma, vai ter que se comprometer com o processo. Não dá para apenas ler as palavras escritas nestas páginas e deixar que tudo aconteça magicamente. Você deve se comprometer com o processo e praticá-lo até que vire algo natural.

As mulheres me perguntam quanto tempo levou para eu deixar de me criticar regularmente e mostrar compaixão comigo mesma. É difícil determinar, mas acho que foram cerca de três anos até eu notar grandes mudanças na forma de falar comigo mesma regularmente. Foi um processo gradual ao longo desses anos, mas nunca teria acontecido se eu tivesse apenas experimentado fazer isso por algumas semanas e desistido por não ter visto resultados imediatos. Para algumas pessoas leva menos tempo. É tudo uma questão de comprometimento. Vejamos Julie, por exemplo:

QUANDO VOCÊ É BABACA CONSIGO MESMA

Quando comecei a trabalhar na minha crítica interior, fiquei tão empolgada quanto nervosa. Empolgada por trabalhar em algo que me atrapalhava havia décadas e nervosa por medo de errar. Transformei isso em prioridade, e você nem imagina: agora eu pego a sem-vergonha assim que ela tenta me derrubar. Eu ouço a voz e digo: "Nem vem, hoje não!", e sigo em frente. Isso, basicamente, mudou minha vida para melhor.

Eu não espero que você se identifique com todas as ferramentas deste capítulo. Experimente todas e ignore as que você não gostar. Guarde no bolso as que você gostar e que funcionaram, para usar quando necessário. É provável que você faça grandes progressos nessa área e depois tenha uma recaída e volte aos seus velhos hábitos. Ouço frequentemente: "Eu estava indo muito bem, aí terminei um relacionamento e comecei a falar bobagem para mim mesma de novo." A vida acontece. Problemas acontecem. E a crítica interior gosta desses momentos. Cuidado com eles: é o seu único trabalho nessas horas.

O desconforto da autocompaixão

Em algum lugar ao longo da jornada de aperfeiçoamento você provavelmente ouviu falar de afirmações positivas ou de transformar os pensamentos negativos em positivos. Bom, se algum dia eu der esse conselho a você, sinta-se à vontade para jogar uma bebida na minha cara.

Eu não acredito que afirmações funcionem quando usadas isoladamente. Por "não funcionar" eu quero dizer que não é possível se sentir uma merda em relação a si mesma porque caiu em um gatilho causado por algo profundo e, então, pensar algo positivo e florido e se sentir melhor subitamente. Mesmo que você tente repetir essas afirmações positivas de novo e de novo.

Como mencionei, muitas críticas interiores acontecem porque temos feridas profundas e crenças arraigadas de que não somos boas o bastante.

Todo o conceito de autocompaixão pode ser complexo. Você está falando de um determinado jeito consigo mesma por muito tempo e não é tão simples mudar o discurso. Se fosse fácil, todo mundo faria isso, teríamos uma saúde emocional muito melhor e seríamos mais gentis uns com os outros. E eu nunca mais precisaria escrever livros novamente.

Dito isso, muita gente tem dificuldade com o conceito de falar consigo mesma de modo mais gentil. Eu entendo totalmente! Alguns dias, eu também tenho.

É a hora do mantra.

Um mantra é uma palavra ou afirmação poderosa, geralmente repetida. Neste caso, eu gostaria que você pensasse em um mantra para dizer a si mesma toda vez que ouvir a crítica interior depreciativa. Aqui estão alguns dos meus favoritos:

Eu ouvi você e escolhi não escutar.
Obrigada por compartilhar, mas vou seguir em frente.
Eu ouvi isso.
Não preciso sofrer por isso, então escolho não sofrer.
Pois é, aconteceu. (O que eu uso!)

Você também pode fazer uma pergunta forte quando a crítica interior atacar:

O que estou inventando em relação a isso?
Do que realmente eu tenho medo?
Isso é verdade?

Reconheça a conversa interna e siga em frente, mas não necessariamente diga a si mesma para calar a boca. Lembre-se que estamos falando de *autocompaixão*!

No livro de Carol Emery Normandi e Laurelee Roark, *It's Not About Food*, elas recomendam: "Seja gentil. Você está encontrando partes suas com as quais estava em guerra."

QUANDO VOCÊ É BABACA CONSIGO MESMA

Quando faço esse exercício com mulheres, sempre ouço alguém dizer: "Vou escolher o mantra FODA-SE para a minha crítica interior!"

Embora eu seja totalmente a favor de termos uma postura feroz contra os ditames da crítica interior e também apoie qualquer ferramenta que funcione para você, precisamos conversar sobre essa.

Você provavelmente passou boa parte da vida atacando a si mesma. Posso ajudá-la a abaixar o taco de beisebol devagar e com calma? Você está tão acostumada a dirigir ódio a si mesma que parece natural fazer o mesmo com a crítica interior, mas isso é exaustivo. Você não precisa enfrentar mais essa valentona.

Pergunte-se: o que dá sensação melhor? Embora seja possível sentir o prazer da vitória ao mandar a crítica se foder e queimar no inferno flamejante, isso dá certo no fim das contas? Lembre-se: a crítica interior ainda faz parte de você — seus piores medos, o pavor da vergonha, suas dores do passado e seu sofrimento manifestados em palavras e sentimentos. Isso ainda é você. A crítica interior vem do medo, e esse medo está tentando mantê-la segura. Entendo que ela tem uma forma bem esquisita de comunicar isso, mas você não precisa ser babaca com ela só porque ela é babaca com você.

Portanto, experimente a ferramenta de ter uma resposta neutra para sua crítica interior em primeiro lugar.

Cartas de amor aos montes

O cerne da autocompaixão está em falar consigo mesma como você falaria com alguém que ama.

Digamos que você está no trabalho e sua colega, alguém em quem você confia e com quem se importa, cometeu um erro no projeto. Ela está sentada à mesa, dizendo em voz alta: "Sou uma idiota! Sou tão burra! Eu NÃO podia ter cometido esse erro de principiante. Provavelmente vou ser demitida!" Talvez aí ela comece a chorar.

Você não faria nada enquanto tudo isso está acontecendo? Ou, pior ainda, você gritaria: "Sim, você é uma idiota. É melhor você se demitir. Posso ajudar a empacotar seus objetos pessoais? Pegue esta caixa."

Não. Você certamente se sentaria ao lado dela e falaria com uma voz compassiva e calma, talvez dizendo que todos cometem erros. Depois se ofereceria para ajudar a resolver o problema e talvez até a lembrasse de tudo de bom que ela já fez pela empresa.

Agora é sua vez.

Pratique fazer isso consigo mesma. E não pense que vai ser "moleza", porque é difícil para a maioria das mulheres. Somos programadas para nos depreciar, e fazer o oposto pode parecer estranho no começo. Não se espante caso algumas emoções venham à tona.

Aqui está um exercício para começar. Pegue um pedaço de papel, ou o seu diário, e escreva uma carta sobre algo que a deixou com sensação de fracasso, e diga para si mesma tudo o que você precisava ouvir de uma amiga. Pense em um erro cometido no passado, ou escolha a área da vida que a faz se criticar mais. Se você estivesse escrevendo esta carta para uma amiga, o que diria?

Veja um exemplo:

Querida Jennifer,

Sei que você está sendo dura consigo mesma nos últimos tempos, ao tentar desesperadamente se livrar do peso que ganhou na gravidez. Você não usa mais biquíni, evita aparecer em fotos e odeia seu corpo como um todo. Olha, preciso dizer umas coisinhas para você...

Comece com o objetivo de escrever algumas frases, e veja o que sai. A única regra aqui é escrever com amor e compaixão.

Você também pode escrever uma carta de desculpas para si mesma. Vá em frente, você merece. Diga por que deveria ter sido mais gentil consigo mesma e partilhe sua intenção de mudar isso no futuro.

QUANDO VOCÊ É BABACA CONSIGO MESMA

Pode ser algo como:

Querida Tracy,
Preciso me desculpar pela forma como venho falando com você nas últimas décadas. Sinto muito por tê-la tratado tão mal. Eu me sentia culpada e cruel em relação a (insira a situação), e foi assim que aprendi a falar com você desse jeito. Minha intenção de agora em diante é (preencha a lacuna).

Cuidado com promessas grandiosas como esta: "Nunca mais vou falar com você desse jeito." Lembre-se: o objetivo é ser verdadeira e não se preparar para outros fracassos e broncas! Tente criar uma intenção como estas: "Vou praticar um novo jeito de falar com você" ou "Vou me policiar nesses momentos e mudar a forma de tratar você".

Esse exercício pode ser poderoso. Quando escrevemos as palavras que pensamos, as ideias fluem através do corpo e saem de uma forma tangível em vez de apenas flutuarem em nossa cabeça.

PERDOAR A SI MESMA

Vou mudar de assunto por um instante e falar algo essencial para ser compassiva: perdoar a si mesma.

Por que o perdão? Quando não trabalhamos em nos perdoar, carregamos um fardo que alimenta a crítica interior. Perdoar a si mesma tem tudo a ver com ser gentil e ter compaixão por você mesma.

Para ser sincera, esse tipo de perdão pode ser bem complicado. Não vou mentir e dizer: "O processo em três passos: após fazer isto e dizer aquilo, você se perdoou e pode seguir em frente." É algo muito complexo, e pode envolver vergonha, culpa, luto e, às vezes, traumas. Você pode ter muito a perdoar. Se você sentir uma vergonha profunda por algo que fez, especialmente alguma coisa envolvendo um trauma (por exemplo, a morte de alguém que você considera culpa sua ou um abuso pelo qual se responsabiliza),

COMO PARAR DE SE SENTIR UMA M✷RDA

confira a seção de materiais deste livro e pense em procurar um terapeuta, que poderá ajudá-la nessa situação.

Mas se o que você precisa perdoar em si mesma é menos impactante (mas ainda importante para ser trabalhado), existem alguns fatos que eu gostaria que você levasse em consideração.

Vamos começar descrevendo o problema. Você tomou decisões de que se arrepende? Colocou-se em circunstâncias desfavoráveis? Há algo do passado ou do presente que você está carregando por aí? Pense nos motivos pelos quais ainda se critica ou se "pune". Talvez você tenha:

- Traído um cônjuge ou sócio(a).
- Tolerado um relacionamento abusivo no qual permaneceu mesmo sabendo que deveria tê-lo abandonado.
- Feito um aborto e se sentido mal por isso.
- Descontado a raiva em seus filhos, hoje de manhã ou no passado.
- Virado as costas para alguém que precisava de você.

Ou talvez você precise fazer as pazes ou perdoar a si mesma pelo que está se permitindo viver agora: tristeza, crueldade, vergonha. Algumas vezes podemos nos criticar simplesmente por que não estamos no lugar que desejamos — o lugar no qual sabemos que *podemos* estar. Tudo é uma jornada: você pode saber disso racionalmente, mas sente que está levando tempo demais e pega pesado consigo mesma por ainda não ter chegado lá.

Preciso perguntar algo: o que significa se perdoar para você? Muitos não se perdoam porque sentem necessidade de carregar o fardo dos próprios erros, pois sofrer por eles e continuar se criticando seria uma forma de expiá-los. Se você respondeu à pergunta dizendo não, que não vê problemas no que fez, ou que, ao se perdoar, você teria automaticamente a obrigação de dar uma chance para outras pessoas que cometeram o mesmo erro, ou que se perdoar significaria não assumir responsabilidade pelos seus atos, precisamos conversar.

QUANDO VOCÊ É BABACA CONSIGO MESMA

Perdoar-se não significa nada disso. Significa que você é humana e merece se livrar dos sentimentos negativos de culpa por sua própria humanidade falha.

Talvez você precise começar reconhecendo que o fato que a levou a se sentir mal em relação a si mesma realmente aconteceu. Isso pode parecer esquisito, mas muitas vezes nós negamos os fatos, pois admiti-los significaria ter que assumir a responsabilidade pelos nossos próprios atos e, possivelmente, reparar erros. E admitir totalmente o que aconteceu pode levá-la a ter sentimentos e emoções que você vinha tentando evitar.

Mas este não é o momento de cair no buraco e ficar se culpando. Eu adoraria que o resultado fosse de autocompaixão, mas às vezes precisamos nos desculpar por algo quando estamos cheias de remorso. A definição de remorso é arrependimento profundo ou culpa por um erro cometido. A culpa pode ser boa para nós, porque leva à mudança. Quando nos sentimos culpadas, sabemos que fizemos algo errado, que ia contra os nossos valores e, possivelmente, magoou outra pessoa. A culpa pode nos colocar em posição de corrigir nossos próprios atos, aprender com os nossos erros e agir melhor da próxima vez.

Também é importante reconhecer quais sentimentos você tem além da culpa. Medo, ressentimento, raiva, vergonha, frustração, constrangimento e por aí vai. Você está evitando algum desses sentimentos? Se eu tivesse que adivinhar, diria que sim. Será que há espaço para você realmente *sentir* tudo isso? (Veja o Capítulo 3 para saber mais sobre se anestesiar.) Sempre que nos perdoamos ou perdoamos outra pessoa, os sentimentos tendem a vir à tona, às vezes em grande quantidade. Esteja preparada para isso e saiba que é algo normal e necessário.

O processo de perdoar a si mesma pode chegar a um ponto em que você precise fazer as pazes com alguém. Não se trata de limpar a consciência apenas para poder dormir melhor à noite. Peça desculpas ou faça as pazes apenas se isso não gerar um drama imenso.

Por exemplo, se você teve um caso com um homem casado e sente que precisa se desculpar com a esposa dele, talvez não seja uma boa ideia fazer isso, se você tiver certeza de que vai gerar problemas. Os programas de recuperação ensinam que é preciso se desculpar ou fazer as pazes, "exceto quando isso prejudicar você ou os outros". Em outras palavras, pense muito na outra pessoa antes de fazer isso.

Entretanto, o ato de perdoar a si mesma não pode depender de a outra pessoa aceitar suas desculpas, porque talvez isso não aconteça. Em um mundo ideal, as pessoas aceitam suas desculpas com abraços e vocês terminam felizes para sempre, mas esse não é o ponto. Estamos falando sobre expressar e sentir remorso. Antes de pedir desculpas, tenha certeza de que você não está presa ao resultado disso.

Um ótimo mantra para o perdão a si mesma é: "Sou humana e cometi um erro". Porque é exatamente isso. Os erros não fazem de você uma pessoa má. Eles apenas significam que você é humana e fez besteira. Se o ato de repetir esse mantra várias vezes ajudar, faça isso.

O processo do luto, de lidar com sentimentos e de se perdoar acontece ao longo do tempo, às vezes em camadas e repetidamente. Vale a pena repetir: perdoar a si mesma não é simples e rápido. Pode até ser para você, mas para muitas pessoas tende a ser um processo de prática e crescimento, que leva meses ou anos.

Além disso, lembre-se de que perdoar não significa esquecer. Você tem permissão para aprender com o que aconteceu e ser guiada por essa experiência. Tem permissão para sentir culpa, ou *qualquer* outro sentimento. O objetivo é processar a vergonha e afastar a crítica interior que vem com a lembrança.

A maneira como você fala consigo mesma é imensamente importante e é a base do seu crescimento e felicidade. Isso faz diferença. Você faz diferença. Espero que se comprometa a praticar. Eu vi esse processo transformar vidas e não tenho dúvidas que ao prestar atenção ao discurso interno, você estará no caminho para se sentir muito bem em relação a si mesma e à sua vida.

Faça a si mesma as perguntas difíceis:

- Pelo que você costuma se criticar mais?
- O que a sua crítica interior diz especificamente?
- Você consegue detectar quando o diálogo interno negativo surge? Se sim, quando?
- Você tem algum gatilho que consegue controlar? Se tiver, o que vai fazer em relação a ele?
- Você precisa se perdoar por algo? Se sim, o que você se compromete a fazer em relação a isso?

CAPÍTULO 2

Vá embora e me deixe em paz: o isolamento e o afastamento não vão protegê-la

Vivemos em um mundo social. Até a ciência diz que os seres humanos são projetados para a conexão. Alguns argumentam que esse é o motivo para estarmos aqui. Contudo, de várias formas, estamos mais isolados do que nunca.

Geralmente pergunto às mulheres com quem trabalho como é o sistema de apoio delas e, mais especificamente, sobre suas amizades do sexo feminino. A maioria alega ter dificuldade nessa área, e muitas tendem a se isolar e se esconder, mesmo tendo amigas.

Talvez você também faça isso.

A verdade é que você não procura ajuda quando precisa ou está em crise. Imagino que você até queira, mas aí pensa em alguma ou em todas as frases abaixo:

"Ninguém quer ouvir os meus problemas."

"Kristy não tem esses problemas. Tenho muita vergonha de me abrir com ela."

"Consigo resolver isso sozinha. Vou ser forte e superar isso."

"Ela está muito ocupada, sem tempo para ouvir meus problemas, não quero incomodá-la."

COMO PARAR DE SE SENTIR UMA M✳RDA

Basicamente, você inventa qualquer desculpa para não procurar ajuda.

Pessoas que se isolam não são necessariamente eremitas. Elas não se escondem nas sombras e saem apenas à noite, como os vampiros. O isolamento e o ato de se esconder são atitudes mais emocionais do que físicas: essas mulheres escondem suas inseguranças e isolam seus problemas, recusando-se a deixar que outros os vejam. Na verdade, as mulheres que agem assim geralmente são extrovertidas e sociáveis. Se você conhecer alguma, pensará que ela tem uma vida ótima. Visto de fora, está tudo perfeito.

Mas lá no fundo ela frequentemente se sente solitária, ansiosa e assustada. Vejamos Wendy, aluna de uma das minhas turmas:

> Quando a situação fica difícil, ou quando estou com problemas, eu me escondo. É mais fácil do que enfrentar o julgamento das pessoas que amo. Faço isso por saber que não ando bem, e já me julguei severamente por isso. Só a minha terapeuta sabe o quanto a situação é grave. Eu ainda tento sair com meus amigos e praticar as atividades de que gosto, mas finjo que está tudo bem enquanto estou desabando por dentro e não estou presente em nada. É exaustivo e doloroso. Quando me escondo, me sinto anestesiada: não há alegria e só às vezes eu sinto a dor do que estou passando. Sinto como se fosse eu contra o mundo, e não consigo suportar que os outros saibam que sou um fracasso.

A verdade é: dentro desse hábito de se isolar e se esconder, o sentimento dominante é o medo. Medo de parecer carente, de ser julgada, de importunar outra pessoa com seus problemas e suas dores. A história de Wendy é um exemplo clássico disso: da preocupação em ultrapassar os limites da amizade e se revelar para alguém e depois ser "descoberta" por não ter a vida resolvida como queria que todos acreditassem.

O agravante é que já estamos nos sentindo uma merda em relação aos nossos problemas e acrescentamos a eles o medo de ser um fardo, de ser julgada, ou pensamos que somos as únicas com dificuldades. Por isso, chegamos a uma decisão em geral rápida e fácil de não pedir ajuda. Ouço repetidamente que tal opção nem é cogitada por essas mulheres. Não há uma dúvida do tipo "Devo ligar para ela?", nem mesmo uma pausa longa quando alguém pergunta como estamos e pensamos em ser honestas.

As mulheres que se isolam com seus problemas e se escondem o tempo todo sabem, desde o início, que não vão dizer a ninguém que estão sofrendo. É arriscado demais.

DE ONDE VEM ISSO?

Algumas pessoas atribuem o ato de se esconder e se isolar a serem tímidas ou introvertidas. Acho que a personalidade não tem papel importante nesse hábito, mas muitas vezes algo aconteceu em sua vida para criar isso. Talvez você tenha pedido ajuda ou esperado que alguém pudesse confortá-la e tenha sido rejeitada ou criticada por agir dessa forma. Pode ser útil descobrir esse momento para mudar a ideia de que se esconder e se isolar é realmente útil.

Veja Rachael, por exemplo:

Comecei a me esconder quando tinha 11 anos, após ter sofrido uma lesão na qual ninguém acreditou em minha dor física. Acabou que, depois, precisei de cirurgia. Esse incidente instilou em mim a crença que "ninguém se importa com meus sentimentos" e "ninguém me ouve quando estou sofrendo", então decidi que não iria mais compartilhar informações dolorosas com ninguém. Quando a situação ficava difícil, eu me escondia. Guardava meus sentimentos e escondia de todos qualquer vulnerabilidade.

No ensino médio eu tinha um bom grupo de amigos, mas sempre que havia alguma crise ou era necessário falar sério, eu me escondia. Tinha medo de ser vista como fraca e achava que ninguém se importava com meus problemas. Nas poucas vezes em que tentei conversar e compartilhar o que estava sentindo, fiquei com um nó na garganta e comecei a chorar, o que me deixou ainda pior do que quando guardava tudo para mim. Esse imenso desconforto contribuiu para que eu não quisesse me abrir, então, me escondi ainda mais.

É óbvio que o comportamento de Rachael de se esconder veio da crença de que, se ela pedisse ajuda e falasse que estava sofrendo, ninguém acreditaria. Talvez você tenha uma história parecida. Pode ser que alguém a tenha feito se sentir mal pelo que estava sentindo ou passando. Ou talvez seja o simples fato de que ninguém conversasse sobre sentimentos quando você era mais jovem.

Você pode não encontrar uma razão clara, e não tem nada de errado nisso. Como vários hábitos deste livro se sobrepõem, você também pode ter dificuldades com o perfeccionismo e em ser forte, o que pode contribuir para que se isole e se esconda. Abandonar esse hábito exige que sejamos vulneráveis, mas muitas de nós não crescemos em lares em que isso era ensinado ou conversado. Provavelmente, você nunca aprendeu como ou por que isso é importante. Portanto, fica mais evidente o motivo de não fazer isso na vida adulta.

É importante você se questionar por que se esconde e se isola. Pode ser útil responder a algumas perguntas em seu diário. O que você acha que pode acontecer se você pedir ajuda? Quais são seus medos específicos em relação a isso? O motivo de você estar se escondendo tem muito a ver com as respostas para essas perguntas, e na maioria das vezes (se não for sempre) esses medos são irracionais, mas ao longo do tempo eles passaram a ser sua verdade.

O isolamento inconsciente

Você pode estar se isolando sem perceber.

Há alguns anos eu estava namorando um homem que considerava o Sr. Perfeito, mas não demorou para tudo ir ladeira abaixo. Eu tinha acabado de me divorciar e não estava lidando bem com isso, então o novo relacionamento era uma distração fácil para mim. O divórcio foi tão feio e doloroso que sinceramente creio que a maioria das minhas amigas não sabia como me ajudar e, quando tentavam, eu me sentia tão envergonhada, humilhada e arrasada que não queria encontrar ninguém. Assim, enquanto minhas amigas abandonavam nossa amizade lentamente, eu dei as costas e agi como se não tivesse notado ou não me importasse.

À medida que os meses passavam e o relacionamento com o Sr. Nem Tão Perfeito Assim piorava, eu me escondia ainda mais. Não respondia os e-mails das amigas (às vezes passava semanas sem acessar meu e-mail pessoal) nem mensagens de texto ou telefonemas, e se falasse com qualquer uma delas, mentia dolorosamente e dizia que tudo ia muito bem.

Eu tinha muito medo de ser descoberta. Estava com o coração partido e não sabia como lidar com o turbilhão de sofrimento e sentimentos ao meu redor. Tentei de tudo para parar de: sentir amor (ruim), fazer compras, beber, ir para a farra e, principalmente, me esconder. Eu não conseguia enfrentar minha vida. Como poderia despejar tudo em cima de outra pessoa? Se nem eu conseguia suportar minha própria experiência, como poderia pedir ajuda a alguém para suportá-la?

Questione se você está impondo condições para partilhar o que está acontecendo em sua vida. Como eu não conseguia aguentar minha história — pensei que estava no pior momento da vida —, decidi que todos pensavam o mesmo, e eu não merecia ajuda. Eu era um fracasso tão grande que ninguém deveria ter que lidar com meus problemas. Como eu tinha me metido naquela confusão, precisava sair dela sozinha. Era como se estivesse tentando "aprender pela dor".

Minhas amigas, esse tipo de pensamento sempre — *sempre* — vai aumentar seu sofrimento. Contudo, há uma saída, e vamos encontrá-la.

COMO RESOLVER ISSO?

O hábito de se isolar e se esconder pode ser difícil de mudar. Pedir ajuda exige vulnerabilidade, e isso é assustador. Assustador pra caralho. Podemos ser desprezadas, rejeitadas, julgadas ou criticadas — às vezes silenciosamente, mas dá para perceber... Nós sempre sabemos. Falando de modo bem simples: podemos não conseguir o que precisamos de outra pessoa. É arriscado demais e expõe muito nosso coração, então ficamos caladas.

Além disso, como Rachael citou em sua história, muitas de nós consideram a vulnerabilidade como fraqueza. Quando conversei com Rachael, ela até mencionou desprezar pessoas que *partilhavam* suas histórias mais sensíveis de conflitos. Como ela se julgava imensamente por ter problemas, era fácil julgar os outros pelo que considerava fraqueza.

Além disso, às vezes ouço da minha comunidade que as mulheres se sentem tão frágeis em suas vidas que isso se transfere para as amizades. Uma mulher que conheço, chamada Ana, disse: "Sinto que se não estiver totalmente presente para todos os meus amigos e se não lhes der tudo o que tenho, estou fracassando como amiga." Muitas de nós não tentamos nos conectar com nossos amigos, mas sentimos necessidade de ser o pilar de apoio para todos. De certa forma, é mais fácil estar presente para os outros sem deixar que alguém nos ajude. Muitas mulheres gostam de ver a vulnerabilidade alheia e a procuram, mas param antes de se permitirem mostrá-la.

Quando deparamos com a decisão de sermos vulneráveis e praticarmos a coragem — nesse caso, quando precisamos decidir entre procurar uma amiga e pedir ajuda ou ficar quieta e se isolar —, os dois resultados parecem terríveis.

Por um lado, você corre o risco de se expor emocionalmente ao pedir ajuda. Por outro, corre o risco de se sentir sozinha e isolada, o que leva a mais hábitos de bosta (mecanismos de fuga, discurso interno negativo, entre outros comportamentos descritos neste livro), que por sua vez levam a mais isolamento. São escolhas difíceis. Você se sente confortável assim e, provavelmente, está presa nesse ciclo sem fim.

VÁ EMBORA E ME DEIXE EM PAZ

Não estou pedindo para você ligar para suas amigas e despejar todos os seus problemas. E certamente não recomendo chegar para a moça da Starbucks e contar todos os seus segredos mais profundos e sombrios enquanto se debulha em lágrimas. Quero apenas uma resposta para esta pergunta: você quer chegar ao fim da vida e se arrepender por não ter encontrado pessoas em quem confiar? Ou se arrepender de não ter alimentado as amizades que você tem hoje?

Devemos praticar a coragem e a vulnerabilidade olhando por cima dos muros que construímos para nos "proteger" a fim de atravessá-los e buscar conexão. E essa prática acontece cometendo erros, voltando e tentando de novo ao longo do processo.

Porque todas nós somos imperfeitas. Sua jornada de desenvolvimento pessoal é imperfeita, e vai ser repleta de erros e falhas. Mas eu lhe prometo, *prometo* que, uma vez iniciado o processo, você vai pegar o jeito e ganhar confiança. E prometo que não está sozinha, pois sei que há milhares de mulheres lendo isto exatamente como você, e que elas também têm medo. Prometo que ao praticar a vulnerabilidade várias vezes, passando por algumas dificuldades e provações, você vai receber o amor e a conexão que verdadeiramente quer e deseja.

> Prometo que ao praticar a vulnerabilidade várias vezes, passando por algumas dificuldades e provações, você vai receber o amor e a conexão que verdadeiramente quer e deseja.

COMO SE ABRIR

Uma das primeiras perguntas que faço às mulheres com quem trabalho é: quem são as pessoas fundamentais da sua vida? Mais especificamente, vocês têm uma ou duas amigas em quem possam confiar? Nós subestimamos completamente o poder das amizades femininas e não fazemos com que sejam prioridade na cultura ocupada e cheia de compromissos de hoje, quando na verdade a saúde desses relacionamentos é a chave para nossa felicidade e alegria.

Há muitos motivos pelos quais nos acostumamos a não dar importância às amizades. Além de não valorizarmos esses relacionamentos, há o medo. Muitas de nós fomos traídas por amigas no passado, e decidimos não confiar em mais ninguém. Ou talvez pensemos que o ideal é ter dez amigas incríveis com quem conversamos diariamente e nos reunimos para beber semanalmente, e isso parece exaustivo quando você quer apenas vestir um pijama e assistir à Netflix.

Obviamente, a essa altura você entende que para sair do isolamento e parar de se esconder é preciso ser vulnerável para um grupo pequeno e seleto. Minha colega Shasta Nelson, autora de *Frientimacy*, resume bem: "A maior parte da nossa solidão não acontece porque não conhecemos pessoas suficientes, e sim porque não nos sentimos suficientemente próximas de algumas delas."

Não é questão de sair contando todos os seus podres a todos os amigos do Facebook em atualizações diárias do seu status, mas sim de encontrar uma ou duas pessoas que gosto de chamar de "testemunhas misericordiosas".

Para lidar com o hábito de se isolar e se esconder, como acontece com todos os hábitos mencionados neste livro, a primeira etapa consiste em perceber quando você está fazendo isso. Na minha história, houve uma época em que eu realmente não sabia que estava me escondendo e evitando todo mundo. Mas se uma lâmpada se acendeu em sua mente, ao ler esse capítulo, seja bem-vinda.

Empatia

A testemunha misericordiosa é alguém que pode reagir às suas dificuldades com empatia. Muitas de nós não aprendemos isso —

e acredite: a empatia *não* é uma virtude inerente a todos —, então, o processo pode ser complicado.

Vamos começar com o que *não* é empatia. Todas nós tivemos esse tipo de amiga que reage de uma forma que *não* faz a gente se sentir bem quando contamos nossas dificuldades. Vamos supor que você tenha acabado de dizer à sua amiga que está com problemas no casamento. Você já ouviu alguma das seguintes respostas?

A que faz "campeonato de sofrência": "Menina, isso não é nada! Tenho quase certeza de que meu marido está me traindo com a secretária."

A que minimiza: "Provavelmente, não é tão grave assim. Na semana passada vocês estavam ótimos."

A que relativiza: "Bom, pelo menos você está casada. E eu, que estou solteira há uns dez anos?"

A rainha das soluções: "Já fizeram terapia de casal? Ou leram aquele livro sobre relacionamentos? Que tal saírem para uma noite romântica?"

A que só se espanta: "O QUÊ? Achei que seu casamento era perfeito! Você TEM que resolver isso!" (cai em lágrimas)

Por fim, vou citar o meu caso: "Ah, que droga! Então, eu e o meu marido tivemos uma briga imensa esse fim de semana. Ele bebeu demais no churrasco organizado pelos vizinhos e eu..."

Nenhuma dessas respostas é a de que você precisa. Ao lê-las você pode ter se sentido desconfortável... Afinal, talvez *você* já tenha reagido assim a alguém que buscava uma testemunha misericordiosa em você. Ah, a humanidade! Mas tudo bem. Todas nós já fizemos isso. Pratique um pouco de compaixão consigo mesma e vamos seguir em frente, para saber o que é empatia.

Voltando ao mesmo exemplo, digamos que você acabou de contar a uma amiga que está com problemas no casamento. E ela diz: "Putz, isso parece horrível. Se você quiser contar mais, estou aqui para ouvir." Você se sente confortável, conta mais, e quando

COMO PARAR DE SE SENTIR UMA M*RDA

você termina, ela responde: "Caramba, não sei nem o que dizer agora, mas fico muito feliz por você ter me contado."

É isso.

Empatia é uma questão de sentir *com* alguém. É olhar o seu próprio coração e descobrir aquele sentimento ou emoção que a outra pessoa está sentindo. Não é para se afundar tanto na tristeza e na dor alheia que a interlocutora precise consolar você (como a que só se espanta). Você pode expressar empatia mesmo sem nunca ter vivido o que a pessoa está dividindo com você.

Se você já sentiu dor, mágoa, traição, luto, tristeza e todas as emoções mais pesadas, então pode ter empatia. Basta saber como ela é, e praticá-la.

Durante meu treinamento para ser *coach* de vida em 2008, fomos colocadas em grupos de três, e chegou minha vez de observar enquanto as duas colegas do grupo praticavam ser *coach* e cliente. Uma mulher contou que o marido tinha acabado de ser diagnosticado com câncer. Ela desabou em lágrimas, e a outra disse: "Ah, querida, isso parece muito difícil. Sinto muito que você tenha que passar por isso. Posso ver que seu coração está partido." Então ela segurou a mão da colega e a deixou chorar.

Fiquei embasbacada. Tive duas percepções logo de cara: que a interação entre as mulheres era linda e que eu não poderia ter feito o mesmo pela cliente. Eu me transformaria na amiga que quer resolver tudo e a ajudaria em um plano de ação para o marido e ela. Mas não era disso que ela precisava. Ela precisava de uma testemunha misericordiosa. Eu tentaria resolver a situação dela por não conseguir suportar aquelas dolorosas emoções.

Para expressar empatia por alguém e ser uma testemunha misericordiosa é preciso estar confortável com essas emoções desconfortáveis.

Você pode estar pensando: "Ah, isso é uma amiga de conto de fadas, mas ela não existe na vida real." Eu entendo. A maioria das pessoas não é fluente em empatia, com a provável exceção das aficionadas pelo desenvolvimento pessoal ou enfermeiras de instituições para pacientes terminais. Então, adivinha só: você pode praticar empatia com alguém que considere sua testemunha misericordiosa. Você tem que pedir o que precisa. Modelos de comportamento mostram às pessoas como você gosta de ser tratada.

(E deixe-me gentilmente lembrá-la: se você está se escondendo e se isolando e evitando todo mundo, está mostrando que gosta disso também.)

Isso não significa que você precisa de uma amiga que seja seu departamento de reclamações. Ou para ligar sempre que estiver irritada ou quando a vida não vai tão bem quanto você gostaria. Sou totalmente a favor da reclamação consciente de vez em quando, mas estou falando sobre as grandes questões da vida. Sair do isolamento e se aproximar das pessoas não é uma questão de recorrer a alguém para resolver seus problemas em um passe de mágica. Raramente alguém consegue resolver tudo para você com uma palavra ou uma conversa.

É uma questão de contar sua experiência a alguém para organizar seus sentimentos. É uma questão de alguém ser testemunha das suas dificuldades. É uma questão de ser vista e ouvida em sua dor.

É uma questão de contar sua experiência a alguém para organizar seus sentimentos. É uma questão de alguém ser testemunha das suas dificuldades. É uma questão de ser vista e ouvida em sua dor.

Algumas palavras sobre as pessoas que vão ouvir sua história

Brené Brown recomenda partilhar a história certa com a pessoa certa, no momento certo, e partilhar histórias com pessoas que conquistaram o direito de ouvi-las. Nem todo mundo tem o direito de ouvir sua história. Acho que todas nós já falamos demais com alguém para dar um gás a uma nova amizade ou partilhamos

COMO PARAR DE SE SENTIR UMA M*RDA

histórias com pessoas ausentes, esperando que *aquele* fosse o momento em que elas magicamente iriam agir como seres humanos incríveis e responder como gostaríamos. E elas não fizeram isso.

Muitas pessoas têm uma ou duas testemunhas misericordiosas ou conhecem alguém com potencial para isso, mas continuamos nos isolando ou impomos limites rígidos que não fortalecem a amizade. Ou talvez essas amigas sejam consistentemente as que tentam resolver tudo de modo bem-intencionado, mas nunca dizemos a elas que não precisamos dessa atitude. O que nos leva ao tema da confiança.

A confiança é construída aos poucos. Ela não vem de imensas expressões de amor, e sim de pequenos momentos, que se acumulam ao longo do tempo. Por exemplo, em uma de minhas aulas pela internet, uma mulher contou que estava jantando com uma amiga quando decidiu ser vulnerável e contar uma dificuldade que estava enfrentando. A amiga abaixou o garfo no meio da refeição para ouvir. Esse é um pequeno momento de construção de confiança. Esses pequenos momentos informam: "Estou aqui, estou ouvindo, e você é importante para mim."

Mas nem sempre isso dá certo. A maioria de nós já foi traída e apunhalada pelas costas. Talvez tenhamos contado algo a uma amiga e ela fez fofoca a nosso respeito. Ou, então, ela sumiu da face da Terra. Ou fez algo realmente pavoroso, como jogar outras pessoas contra nós — todo tipo de drama que você possa imaginar. E isso pode muito bem ter acontecido várias vezes, levando-a a pensar: "Nunca mais vou confiar em outra amiga. É arriscado demais e simplesmente não vale a pena."

Acredite, eu entendo. Não confiar nas pessoas, em geral, é algo que precisei trabalhar em mim e em minha vida. Mas se você quiser parar de isolar, evitar os outros e se esconder, terá que manter pelo menos uma ou duas amizades próximas. Além disso, para manter essas amizades é preciso aprender, aos poucos, a confiar nessas pessoas.

O argumento que às vezes ouço é: "Bom, eu faço esses pequenos gestos de confiança com minhas amigas, mas ninguém faz o mesmo por mim." Isso pode muito bem ser verdade, mas aqui vai algo que talvez você não goste de ouvir: muito provavelmente, suas amigas não vão saber que estão falhando como amigas se você não disser isso a elas.

Como as pessoas podem dar o que você precisa e participar do crescimento da relação se vocês não estão se comunicando?

Peça o que você precisa

Apoio totalmente a ideia de pedir o que você precisa. Enquanto a arte da telepatia não for corriqueira, estaremos todas meio ferradas. Portanto, temos que pedir o que precisamos, e isso se aplica às amizades.

Suspiro profundo.

Você tem duas escolhas:

1. Manter a amizade com pessoas que não estão presentes, mesmo se importando com você, porque elas simplesmente não sabem do que você precisa. Aí sempre que você fala de suas dificuldades, elas tentam resolvê-las, dizem que você está exagerando ou algo do tipo.
2. Continuar frustrada.

Ou você pode tentar de outra forma, iniciando uma conversa assim: "Estou prestes a lhe contar algo difícil que me aconteceu hoje, e não preciso de conselhos. Só preciso que ouça e talvez me dê um abraço no final. Consegue fazer isso?"

Aqui está outra opção: "Adoro o fato de que você sempre tenta me ajudar quando conto meus problemas. Sei que é um sinal da sua preocupação, mas eu ficaria ainda mais feliz se você apenas me ouvisse."

A mensagem transmitida é a seguinte: "É disso que eu preciso de você." E se você está mostrando o que precisa de sua testemunha misericordiosa ao fazer por ela o que gostaria que ela fizesse por

COMO PARAR DE SE SENTIR UMA M✳RDA

você, ganha pontos extras! Quem realmente se preocupa com o seu bem-estar vai gostar de saber exatamente do que você precisa e o que a deixa bem.

Tenho uma cliente chamada Lisa, que tem uma amiga chamada Carrie. As duas se conhecem há muito tempo, mas acabaram se afastando. Algumas palavras horríveis foram ditas e Lisa me contou que elas se falam apenas esporadicamente, em conversas apressadas e superficiais. Lisa queria muito restaurar a amizade, mas precisava fazer as pazes (fato desconfortável número 1), expressar como ela ficou magoada (fato desconfortável número 2) e dizer a Carrie que adoraria melhorar essa amizade (fato desconfortável número 3).

Após pensar muito nisso, Lisa foi falar com Carrie totalmente preparada para assumir os erros e pedir desculpas e dizer com sinceridade, gentileza e clareza o que desejava para essa amizade. Ela estava nervosa, pois não tinha controle sobre a reação de Carrie, apenas sobre os próprios atos.

Felizmente tudo deu certo. Carrie aceitou as desculpas de Lisa, assumiu responsabilidade pelos seus próprios erros e a amizade delas ficou bem mais forte.

E você se lembra da história de Wendy do início deste capítulo, contando que apenas a terapeuta sabia o quanto a situação dela era ruim? Ela também disse:

> Descobri que ao falar dos meus problemas com amigas obtenho dois resultados: elas me julgam e dizem que agi errado, e, em seguida, dão uma palestra explicando que não estou lidando bem com uma situação que nem é tão grave assim. Eu vou embora me sentindo pior do que antes. Não me sinto compreendida ou apoiada, fico me sentindo um fracasso e morrendo de vergonha. Eu geralmente procuro uma ou duas pessoas e, depois de passar por isso, começo a me isolar.

Quando perguntei a Wendy se ela pediu às amigas o que precisava, ela respondeu:

VÁ EMBORA E ME DEIXE EM PAZ

Só comecei a fazer isso recentemente com uma amiga. Falei para ela do meu isolamento, expliquei por que faço isso e o que esperava da nossa conversa: que ela ouvisse com empatia. Ela disse que eu precisava fazer exatamente isso, mostrar aos amigos minhas necessidades, e não havia problema algum nisso.

Todo esse conceito de pedir o que preciso é relativamente novo para mim. Eu nem sabia que isso era possível. Sempre pensei que as pessoas eram assim mesmo. Quem era eu para pedir que alguém mudasse por mim? Comunicar minhas necessidades e me colocar em primeiro lugar são duas atitudes que eu não tinha no passado, mas estou trabalhando nisso.

Quem poderia imaginar, não é? Havia várias suposições por parte de Wendy. Primeiro, ela supôs que seria julgada ao se abrir. Depois, quando contou o que sentia e ouviu a reação de sempre, supôs que as amigas "eram assim mesmo", e não iriam mudar.

Mais uma vez, nem sempre tudo sai perfeito. A amiga pode ficar ofendida por achar que você a está acusando de agir "errado". O jeito de falar é fundamental: fale sempre com sinceridade, gentileza e clareza. Mas, como diz a sabedoria popular: "Se você não pedir, não consegue." Lembre-se: você merece pedir o que precisa!

*Seja gentil com a pessoa mais
importante da sua vida: você*

Se você é o tipo de pessoa que gosta de se isolar e de se esconder, é certo que sua crítica interior faz a festa. Ela, provavelmente, comanda tudo com um microfone, dizendo que é melhor não falar com ninguém sobre os seus problemas, que você é a única que enfrenta esse tipo de dificuldades, blá, blá, blá, bobagem, bobagem, e mais bobagem.

Então, minha amiga, essa é a hora de praticar um pouco de compaixão consigo mesma. O Capítulo 1 oferece várias ferramentas para isso, mas vale a pena mencioná-las de novo, especialmente

COMO PARAR DE SE SENTIR UMA M*RDA

se você não tiver uma testemunha misericordiosa em sua vida. Se por algum motivo se sente sozinha, confira sua crítica interior.

Você se lembra do exemplo da minha cliente Lisa, que teve uma conversa com a amiga e deu tudo certo? Bom, nem sempre tudo corre tão bem. Há alguns anos, uma grande amiga me viu passar pelos momentos mais difíceis da minha vida. Até que um dia ela começou a não retornar minhas ligações. Quando finalmente consegui falar com ela ao telefone e perguntei o que estava acontecendo, ela me disse que precisava de um tempo. Minha amiga estava me dando um pontapé na bunda. Ela disse que não era para sempre, mas que precisava de um tempo.

Fiquei arrasada.

Alguns anos se passaram e senti vontade de escrever uma carta para ela, pedindo desculpas por não ter sido uma boa amiga. Ela confirmou o recebimento da carta, mas não respondeu. Até hoje não sei exatamente o que fiz de errado.

Claro que, na mesma hora, inventei várias histórias na minha cabeça. Disse a mim mesma que era uma péssima amiga e fiquei remoendo o último e-mail que mandei para ela: o que eu tinha dito de errado? Por que ela não gostava mais de mim? Por que eu sou uma merda tão grande?

Para ser sincera, isso ainda dói. E provavelmente vai doer por muito tempo, mas não deixo essa experiência ser a única prova do que pode acontecer em amizades. Percebo que isso me deixa bastante tímida para me abrir com as amigas mais próximas, mas o fundamental é que sei *quando* isso acontece. Sei *por que* acontece e faço uma escolha diferente. É difícil? Sim. Muito. E quero destacar algo importante que fiz sobre isso e que você pode fazer também.

Enquanto sofria com o afastamento dela pela segunda vez, comecei a inventar histórias em minha cabeça. Acreditei que era uma péssima amiga e nunca deveria ter confiado nela quando estava passando por aquele momento tão difícil, pois o que eu estava vivendo era muito pesado, e a amizade não suportava. Eu era muito pesada, minha vida era muito pesada e, no fim das contas, eu era uma pessoa terrível.

E eu acreditei naquilo tudo.

Com um pouco de consciência, curiosidade e trabalho, consegui superar isso e saber que não sou uma pessoa terrível ou uma péssima amiga. Foi preciso muito trabalho da minha parte até conseguir, hoje, revelar minhas dificuldades para minha melhor amiga.

A confiança é construída lentamente, ao longo do tempo. Ela não pode ser forçada nem apressada.

Continue o seu caminho

O que não pode acontecer, de jeito nenhum, é você tentar se conectar com alguém, não se sair tão bem como gostaria e jogar a toalha e o meu livro para longe, citando essa experiência como prova de que é melhor manter as dificuldades para si, deixá-las bem trancadas e nunca mais tentar se abrir com ninguém.

Após terminar o chilique e se acalmar, preciso pedir que você tente de novo. Verdade seja dita: há boa chance de não sair tudo perfeito na primeira tentativa. E existe algo que sai perfeito de primeira? O desenvolvimento pessoal não é exceção. O que posso lhe prometer é o seguinte: se você se dedicar a si mesma e ao próprio crescimento, além de tentar repetidamente, o progresso virá. A paciência e a perseverança são suas amigas e, minha querida, você vale todo o esforço necessário para sair do isolamento e desenvolver as conexões e o amor que tanto deseja.

Faça a si mesma as perguntas difíceis:

- Você sente que se esconde e se isola quando a situação fica difícil? Se sim, por quê?

- Você tem "testemunhas misericordiosas" em sua vida? Se não, pode pensar em pessoas com potencial para isso? Se sim, quem são elas e por que são as suas testemunhas misericordiosas?

- Você precisa fazer uma "limpeza" em suas amizades e trabalhar para cultivar intencionalmente uma, duas ou três das que existem atualmente?

- Você consegue se comprometer a praticar a empatia? Como pretende fazer isso?

- Se você realmente tiver dificuldades na área da amizade, como pode cuidar de si mesma em relação à sua crítica interior?

CAPÍTULO 3

Esforço para se desligar: seus mecanismos de anestesia ainda funcionam?

Encontro muitas pessoas que desejam ser mais felizes. Se acrescentarmos uma pitada de paz e liberdade, temos a trindade da euforia.

A felicidade é incrível, não é? Quem não quer isso? Quem não quer alegria, êxtase, otimismo e amor? É como se todas as suas comidas, músicas e amigos favoritos se reunissem apenas para você e fizessem uma festa em sua homenagem.

Mas e os sentimentos mais difíceis como ansiedade, medo, tristeza, decepção e estresse? Eles não são divertidos nem dignos de festa. Então, o que fazer com eles? Bom, nós os embrulhamos e os jogamos para longe, fazendo de tudo para que não existam. É um hábito que muitas de nós vêm praticando e aperfeiçoando em boa parte da vida.

Contudo, posso afirmar que a felicidade, a paz e até a liberdade são reprimidas e estranguladas se você não deixar todos os outros sentimentos e experiências acontecerem também. Tudo o que jogamos para baixo do tapete e do que fugimos correndo, por ser "difícil", na verdade é fundamental para a cura e a alegria.

Sendo bem direta: nós nos anestesiamos porque não queremos sentir. Jamais encontrei uma pessoa que fique empolgada ou diga "Mal posso esperar!" na hora de enfrentar as emoções mais difíceis. Nós preferimos driblar os sentimentos, e quando de fato *precisamos*

COMO PARAR DE SE SENTIR UMA M✳RDA

lidar com eles, seria melhor se pudéssemos apenas *pensar* e *fazer* algo para consertar a vida. Queremos uma lista do que fazer para pensar sobre ela e colocá-la em prática. Mas quando se trata de *sentir*, a resposta é: não, obrigada. O motivo óbvio é que *dói*. Sabemos que não é para colocar a mão em um forno ligado. Sabemos que não é para usar sapatos de salto alto dois números menores que o seu. Quando temos consciência do que nos machuca, geralmente nos afastamos. Quando se trata de dor emocional, rara é a pessoa que a encara de olhos e braços abertos, pronta para tudo. A maioria das pessoas se amarra a um foguete e foge para outro planeta.

Até os trinta e poucos anos, a anestesia era meu hábito favorito. Quando surgiam dificuldades e dor em minha vida, eu corria tão rápido que praticamente dava para sentir o vento ao meu redor.

Por estar me recuperando de um distúrbio alimentar, de um relacionamento tóxico, do vício em amor e do alcoolismo, há muito tempo aprendi a lidar com a anestesia, ou, pelo menos, a entender como ela acontece em minha vida. Aos 20 anos eu me dissociava do mundo porque só sabia fazer isso. Medo, raiva, arrependimentos, ressentimentos, ansiedade, luto, vergonha e vulnerabilidade: tudo era confuso, assustador, e nada disso estava em meu cardápio de vida, *de forma alguma*.

Talvez você tenha lido essa lista de sentimentos e pensado: "Não, obrigada. Prefiro comer bolo ou beber vinho ou navegar a esmo no celular para fazer tudo isso desaparecer de uma vez por todas, amém." Esse foi o meu pensamento por vários anos, e ao mesmo tempo não conseguia descobrir por que a vida não ia bem como eu desejava. Eu só queria ter relacionamentos verdadeiramente íntimos (mesmo sabendo que isso me assustava pra cacete), ser feliz, e que tudo corresse bem. Como nada disso estava acontecendo, eu tentava de outras formas (ver Capítulos 8 e 10), sentindo cada vez mais raiva quando nada dava certo (ver Capítulo 12). Então, eu ficava mais desconectada de tudo, repetindo o círculo vicioso.

Talvez sua linha de pensamento não seja tão trágica assim. Uma das minhas clientes que tinha dificuldades com a anestesia disse: "No fim das contas, eu só quero me desligar. Quero me afastar men-

ESFORÇO PARA SE DESLIGAR

talmente da minha vida para um lugar onde não exista a pressão de ser mãe." Eu costumava chamar isso de "miniférias", e também adotava esse comportamento. Quando estava na casa dos 30 anos, qualquer pressão, estresse ou incerteza da vida cotidiana me fazia desejar uma grande taça de vinho, que me ajudaria a flutuar para longe. Assim, eu poderia ir ao paraíso por algumas horas, sem me preocupar tanto nem sentir o peso da vida. Era uma forma de me desconectar de tudo. Logo me vi bebendo todos os dias, para enfrentar a vida, além de ter que lidar com toda a bosta inconsciente que joguei para baixo do tapete ao longo de várias décadas. Tudo estava se acumulando, como em um depósito de lixo.

Se você se anestesia porque odeia sua vida ou apenas para lidar com ela, o remédio é encarar todos os problemas, sentir todas as dificuldades e seguir em frente. Você pode querer me dar um soco na cara quando digo isso, mas é a mais pura verdade. Quando você aprender a passar por todos os sentimentos, vai funcionar melhor na vida, ser mais flexível e feliz.

Vai chegar um momento em que você vai saber que a anestesia faz com que se sinta uma merda. Talvez você já esteja nesse ponto, em que a dor de sufocar os sentimentos é maior que o medo de enfrentar o que a apavora.

Mergulhar na crueza e na concretude da sua humanidade *é* sua liberdade e felicidade.

Adoro essa citação do livro de Pema Chodron, *When Things Fall Apart*: "Só quando nos expomos repetidamente à aniquilação é possível encontrar o indestrutível que há em nós."

> Só quando nos expomos repetidamente à aniquilação
> é possível encontrar o indestrutível que há em nós.
> **— PEMA CHODRON**

Em meu primeiro livro escrevi um capítulo explicando que toda sabedoria é dor cicatrizada. Muitas de nós temos modelos

COMO PARAR DE SE SENTIR UMA M✳RDA

de comportamento em quem nos inspiramos, pessoas cuja sabedoria gostaríamos de ter. Para isso podemos ler os livros e ir aos seminários dessas pessoas. Existem, também, pessoas para quem telefonamos quando o bicho pega, pois elas sempre parecem ter ótimas percepções e o conselho perfeito (independentemente de nós o aceitarmos ou não). Mas essas pessoas não chegaram lá porque tudo correu bem na vida delas o tempo todo. Elas não são, necessariamente, mais sortudas, e sua sabedoria não veio no DNA ou foi concedida por uma fada madrinha. Elas ganharam toda a sua sabedoria e força porque a vida degringolou de alguma forma e essas pessoas enfrentaram isso em vez de fugir, ficando melhores e mais fortes quando tudo acabou. Elas ganharam toda essa luz porque atravessaram a escuridão. Um dos meus termos favoritos é OOCO, "Outra Oportunidade de Crescer pra Caralho": essas oportunidades surgem regularmente, então pense nelas como convites. Nós não nos tornamos melhores quando o clima está ameno e estamos cercadas de unicórnios vomitando arco-íris. Nós nos tornamos melhores quando tudo se parte e temos que juntar os pedaços.

> Nós não nos tornamos melhores quando o clima está ameno e estamos cercadas de unicórnios vomitando arco-íris. Nós nos tornamos melhores quando tudo se parte e temos que juntar os pedaços.

A dor emocional pode ser como a dor física e avisar que há algo errado. Ela pode comunicar o que é importante, chamar nossa atenção e informar se devemos mudar algo em nossa vida ou não.

E se você pudesse imaginar esses sentimentos como pessoas? Suponha que um entregador passe por você de bicicleta (o Ryan Gosling, por exemplo) e sussurre em seu ouvido: "Ei, moça. Aquela pessoa acabou de maltratar você. Isso não é bom. É hora de impor limites. É hora de se defender. Sei que você está magoada e triste."

ESFORÇO PARA SE DESLIGAR

Tenho certeza de que você não mandaria o Ryan voltar para a bicicleta dele e sumir. Você o convidaria para tomar um café e ouviria o que ele tem a dizer. Reconhecer que fui maltratada? Sim, Ryan, fale-me mais sobre isso. Impor limites? Hmmm, isso não é divertido, mas, sim, é necessário. Me defender? Complicado, mas eu consigo.

Sei que nem sempre é tão simples, mas, às vezes, é. Além disso, a prática deixa o processo menos assustador.

TODAS AS FORMAS DE ANESTESIA

Alguns mecanismos comuns de anestesia, como álcool, drogas, compras, jogos de azar, comida, trabalho e exercícios físicos são bastante conhecidos e explicados. Outros igualmente familiares, porém menos badalados, são a internet (Facebook, alguém?), o amor (geralmente de forma nada saudável) e o sexo, além da cafeína e de hábitos como manter-se ocupada, planejar, fingir ser feliz e, às vezes, ouso dizer, até a autoajuda.

Você pode usar muito algum desses mecanismos ou um pouco de cada. A questão não é pensar neles e se criticar por tais comportamentos. A questão é saber quais são os seus. Eu sei, parece loucura, mas continue lendo...

ANESTESIA *VERSUS* CONFORTO

Esta é a parte complicada em relação a esses hábitos. Muito do que costumamos usar como mecanismo de anestesia é o que usamos para nos confortar, mas quando jogamos o autocontrole pela janela, entramos no território da dissociação. Você encontra conforto lavando a louça? Não, vamos desinfetar a casa inteira de cima a baixo por três horas e perder um jantar com amigos por isso. Você teve um dia ruim e entrou no Facebook para esquecer por alguns minutos? Um mês depois você percebe que passou mais tempo no Facebook do que interagindo com pessoas na vida real.

Como se aprende a distinguir entre buscar conforto e se anestesiar da raiva, do medo e de outras emoções desagradáveis? Primeiro, é preciso notar que você está se anestesiando. Quanto mais avançada estiver no processo de desenvolvimento pessoal, mais isso vai acontecer. Muita gente pode assistir TV sem pensar e só perceber que comeu um saco inteiro de salgadinhos uma hora depois. E há quem negue com força que quatro taças de vinho em uma noite são muito mais do que quem precisa.

Pergunta: o que *é* autocuidado para você? É realmente comer bolinhos? Tomar doses de uísque? Não vou explicar, pois você, provavelmente, sabe, cara leitora.

É um caminho escorregadio, sem dúvida. Qual é o limite pra você? É uma determinada quantidade de tempo fazendo algo que conta como se anestesiar? Eu queria desenhar uma tabelinha esperta para ajudá-la a descobrir, mas não sei como esse comportamento ocorre com você. Ninguém sabe, exceto você. Que provavelmente, sabe quando está se anestesiando. Aí está sua resposta.

Além disso, haverá momentos em que você saberá que está se anestesiando, e o fará mesmo assim. Quando chegar a esse ponto, vá fundo. Use isso para ver se o ato de se anestesiar ajuda ou acaba deixando você pior. Chame de anestesia atenta, desligamento consciente, como quiser. Confira consigo mesma para ver se é uma questão de autocuidado ou se é algo crônico.

Minha esperança é que ao ler este capítulo e este livro você ganhe uma nova consciência dos seus gatilhos, saiba quando está se anestesiando e faça o melhor para escolher comportamentos diferentes. E mostre compaixão consigo mesma durante o processo.

POR QUE VOCÊ SE ANESTESIA?

Ao começarmos a trabalhar nisso, há uma importante pergunta a se fazer. Pegue seu diário ou apenas escreva nas margens do livro a resposta para esta pergunta:

ESFORÇO PARA SE DESLIGAR

Qual é o problema que você acredita que _____
(insira seu mecanismo de anestesia) vai resolver?

Em outras palavras, o que você está tentando afastar de sua vida ao se anestesiar? Você pode imediatamente responder algo como "estresse", mas, quero saber, e o que mais? O que está por baixo desse estresse? O que aconteceria se você sucumbisse ao estresse e desabasse? Se eu tivesse que adivinhar, poderia ser algo como enfrentar o fracasso, o medo, a ansiedade ou as críticas. Pode haver todo um pântano de sentimentos e experiências que você tem pavor de enfrentar, então fica bem mais fácil jogá-los para longe.

Muitas mulheres se anestesiam devido à intensa pressão que sentem para serem perfeitas ou por morrerem de medo de perder tudo. Os motivos podem variar, e considero importante você saber o "porquê" e mergulhar nele. Mesmo que não saiba o motivo específico, mesmo que sua explicação seja apenas "porque tenho medo", você está chegando a algum lugar.

Quando nos anestesiamos, nos afastamos de nós mesmas. O resultado final é que nos afastamos de nossa humanidade. Das expectativas que não conseguimos corresponder, das histórias que inventamos sobre como nossa vida deveria ser. Da rapidez com que pensamos que deveríamos ser capazes de "lidar com essa merda". Da aprovação de todos que, lá no fundo, nós buscamos.

Porque encarar tudo isso, encarar nossa humanidade cheia de falhas, é desconfortável, incerto e assustador. Mas é tudo o que temos. É nossa solução.

Eu seria idiota se não citasse outro motivo pelo qual as mulheres, especificamente, tendem a anestesiar os próprios sentimentos: os estereótipos (não que homens não enfrentem isso, só é um pouco diferente). Na cultura estadunidense, ser "emotiva" é considerado uma fraqueza. Nós, mulheres, ouvimos que nossas lágrimas são histéricas e somos emotivas demais ou excessivamente sensíveis. Somos consideradas criaturas insanas que não têm a cabeça no lugar.

Para sobreviver sendo a única mulher na mesa de reuniões do trabalho, para se manter em um relacionamento com alguém que despreza nossos sentimentos ou para mostrar que somos fortes (ver Capítulo 9), nós escondemos nossas emoções.

Sim, mas e agora? Uma vez descoberto o motivo, o que você faz? Bom, arregace as mangas, porque vai aprender a botar para fora tudo o que vem carregando nessa bagagem emocional há décadas. O que está nessa bagagem — tudo o que provavelmente considera impossível de amar — faz parte de você e justamente por ser parte de você, é lindo. Vamos trabalhar!

COMO RESOLVER ISSO? OITO FERRAMENTAS PRÁTICAS

Eu nunca diria apenas "pare de se anestesiar" e acreditaria que isso daria certo. Seria como jogá-la para fora do meu carro no meio do inverno, nua, com a mão no bolso. Sentir seus sentimentos é um processo a ser aprendido, e você vai desaprender anos, talvez décadas de comportamentos arraigados. Então pegue uns lenços, um diário, um saco de pancadas e talvez uma chupeta, para se acalmar enquanto você deita em posição fetal. Calma, estou brincando. Mas não muito.

A **primeira ferramenta** que tenho para você consiste em nomear os sentimentos em voz alta quando eles surgirem. Susan Ariel Rainbow Kennedy (também conhecida como SARK) me deu esse conselho, dizendo para simplesmente escolher palavras, como "tristeza", "alegria" ou "ressentimento". Pode parecer bobo, mas ouvi de muitas pessoas que elas nem sabiam por onde começar e estavam longe de entender o que o corpo realmente sentia a ponto de não conseguirem dizer quando os sentimentos apareciam. Essa prática rudimentar vai ajudá-la a começar lentamente e de modo simples.

A **segunda ferramenta** é o que costumo chamar de "expressar emoções de modo controlado". Escolha um dia em que você não será incomodada e tenha algumas horas livres. Depois, coloque umas músicas da Adele, pegue cartas ou fotografias antigas, comece a mexer nessas lembranças e ponha tudo para fora. Chore,

ESFORÇO PARA SE DESLIGAR

grite, soque o travesseiro, arranje um taco de beisebol e bata em um saco de pancadas. Ouça qualquer música ou som que a deixe nesse estado mental e emocional. No meu caso, o chuveiro é um lugar seguro para sentar e chorar até não poder mais. Escolha seu lugar e deixe que suas emoções tomem conta.

Segundo minha amiga e colega de trabalho, a assistente social Laura Probasco: "Expressar emoções de modo controlado e/ou liberar os traumas pode ser uma parte crucial do processo de cura. Como seres humanos, guardamos os traumas e as emoções em nossas lembranças, que geralmente estão presas ou foram jogadas para baixo do tapete a fim de nos proteger da realidade dessa dor. Conceder a si mesma a permissão de revisitar esses pensamentos fornece a habilidade não só de confrontá-los como de se curar."

As pessoas tendem a surtar em relação a expressar emoções de modo controlado porque têm medo de não sair desse estado. Elas pensam: "Se eu fizer isso, se me colocar propositalmente na posição de chorar por causa de meus problemas, acho que não vou parar de chorar nunca mais." Uma de minhas alunas, Cheryl, confessou: "Sinto que tenho um 'buraco negro' de mágoas e não quero abrir ou começar a mexer porque tenho muito medo do que está lá dentro, tenho medo de perder o controle e, também, de doer tanto que eu acabe morrendo. Não entendo por que ele existe (e existe há muito tempo) e também sinto vergonha dele. É difícil, pois não quero que ninguém (inclusive eu) saiba o quanto estou gravemente ferida. Então penso: como alguém iria querer ficar perto de mim desse jeito?"

Mergulhar no abismo da própria dor pode parecer *impossível* para algumas pessoas, e não considero fácil para ninguém. Pode haver trauma, luto ou, no mínimo, imensa dor. Não surpreende que você venha deixando isso pra lá todos esses anos. Você estava se cuidando da melhor forma possível ao jogar tudo para debaixo do tapete.

Mas a verdade é que a única forma de se livrar desses sentimentos é deixá-los entrar, senti-los e libertá-los. Os sentimentos são mensageiros, e eles querem ser ouvidos, honrados e libertados.

COMO PARAR DE SE SENTIR UMA M✱RDA

É o seguinte: esse buraco negro de mágoas não vai a lugar algum. Entendo o quanto pode ser paralisante a simples ideia de colocá-lo para fora ou, pior ainda, deixar outra pessoa testemunhar isso. Recentemente, após fazer um pouco do meu trabalho de desenvolvimento pessoal, percebi que eu tinha algum luto ainda não processado. Eu estava absurdamente preocupada em deixá-lo sair, por medo que me engolisse inteira. Contudo, eu sabia, por experiência própria, que se continuasse guardando esse luto, ele me consumiria e roubaria minha felicidade. Então decidi expressar controladamente minhas emoções e colocá-lo para fora. Após pensar um pouco, resolvi deixar minha melhor amiga, que também é uma das minhas testemunhas misericordiosas, participar do processo.

Se ouvisse minha crítica interior, eu teria feito isso sozinha (após procrastinar por talvez uns 50 anos), mas permitir que minha amiga testemunhasse o processo gerou confiança e intimidade em nossa amizade, além de permitir minha cura.

De novo, sei que meu exemplo pode não funcionar para você, mas gostaria de que soubesse que é possível. Há alguns anos eu era exatamente como Cheryl, e *morria de medo* dos meus sentimentos. Eles eram maiores que eu, e incontroláveis. Só o fato de *pensar* em revelá-los a outra pessoa era absurdo. Mas é totalmente possível, se você começar aos poucos.

A **terceira ferramenta** consiste em entender que sua experiência pode ser confusa. É comum ter mais de um sentimento por vez ou que sentimentos mudem de um para outro sobre o mesmo assunto em minutos. Queremos ter certeza. Quando digo às pessoas para trabalhar a autoconfiança e confiar nos próprios sentimentos, elas, *no mínimo,* querem saber exatamente o que estão sentindo. No entanto, estou pedindo para você entender que os sentimentos nem sempre fazem muito sentido.

A **quarta ferramenta** é aceitar que seus sentimentos merecem existir, para começo de conversa. Você já comparou sua dor com a de outras pessoas e decidiu que sua história era pior que a delas

ESFORÇO PARA SE DESLIGAR

ou não era tão ruim assim e, portanto, não merecia que você se sentisse tão mal? Ouço de muitas mulheres que elas não consideram suas histórias tão terríveis quanto as de quem vivenciou *a dor verdadeira*, então elas dizem a si mesmas que não precisam expressar esses sentimentos.

Como alguém que tem consciência do próprio privilégio e boa sorte, entendo essa ideia. Quem sou eu para sentir dor e sofrimento quando há dores e sofrimentos *muito maiores* no mundo? Então, sim, existem dores e sofrimentos consideráveis por aí, *assim como* os seus. Não é uma questão de se fazer de mártir e publicar no Facebook: "Ah, meu Deus, vejam a dor que estou sentindo. Numa escala de 0 a 10, é um 10. E a de vocês?"

Claro que não. O que eu posso afirmar, categoricamente, é que esconder esses sentimentos por achar que eles não merecem existir está sufocando, diminuindo e prendendo você em uma caixa, o que não é bom para NINGUÉM. Você acha que está aliviando o sofrimento alheio ao ignorar o seu? Não está. Isso não leva a nada. Você só está conseguindo diminuir sua alma, afastar-se do amor, da expansão, do crescimento e da felicidade e se rebaixar em um esforço heroico para não deixar os outros desconfortáveis. Bom, sabe de uma coisa, irmã? Ninguém pediu isso. Ninguém está agradecendo a você por isso. É uma bobagem completa, então, pare com isso, por favor.

Além do mais, é comum julgar nossos sentimentos como errados. Talvez você ainda sinta luto por um ente querido que morreu há mais de dez anos e pense que deveria estar "melhor" a essa altura. Ou talvez tenha sido magoada por alguém e está tentando se convencer que não vale a pena ficar triste por isso, mas ainda fica. Tente apenas observar se você está decidindo ou julgando o que seus sentimentos deveriam ou não deveriam ser.

A maior forma de julgar nossos sentimentos é pensar que não deveríamos tê-los. E se você abandonar isso? E se os sentimentos fossem como suar ou espirrar? Você não poderia impedi-los (e às vezes, quando tentamos segurar um espirro, nós peidamos, então, algo vai sair, de qualquer modo). Sentimentos e emoções são apenas o jeito de o corpo fazer o que precisa. E se você tentasse aceitar isso?

A **quinta ferramenta** consiste em notar se você está aceitando a opinião alheia sobre os seus sentimentos. Quando descobri que meu primeiro marido estava tendo um caso havia sete meses, eu me senti incrivelmente humilhada. Quando revelei isso para algumas pessoas, ouvi: "Você não deveria se sentir humilhada! *Ele* é que errou! *Ele* deveria se sentir mal." Fiquei muito confusa, pois sabia que não tinha agido mal naquela situação e as pessoas diziam que me sentir humilhada era errado. Mas aquela era a *minha* experiência. Eram *meus* sentimentos. Eu me senti humilhada e pronto.

Quando as pessoas dizem como você deveria se sentir, saiba que elas, provavelmente, querem o melhor para você e/ou estão projetando o que sentiriam se estivessem no seu lugar. Nós, humanos, somos estranhos e temos muita dificuldade para lidar com os sentimentos alheios, então, frequentemente, dizemos algo errado. A questão é que seus sentimentos são exclusivamente seus, ninguém manda neles.

A **sexta ferramenta** é ter curiosidade em relação aos sentimentos. Eu me lembro de ter ouvido um podcast no qual uma mulher contava sua história de alcoolismo, dizendo que havia perdido a guarda dos filhos duas vezes devido aos erros que cometera quando bebia. Enquanto ouvia, eu não só julguei como fiquei com raiva dela. Por que não conseguia se controlar? Como podia fazer isso com os filhos e continuar tomando decisões erradas? Quando notei esses sentimentos aparecendo, fiquei curiosa e me perguntei: "Por que estou me sentindo assim? Tenho medo de que isso possa acontecer comigo também? Será que me vi espelhada na história dela?" Quando ficamos curiosas sobre os nossos sentimentos, abrimos a porta para entender mais profundamente o que está havendo e, também, nos damos permissão para sentir o que sentimos. Observe que não me julguei por me sentir daquela forma, só fiquei curiosa para saber o *porquê*.

Isso é especialmente útil quando você se pega julgando seus sentimentos e sentindo-se mal por tê-los. Há informações ali que podem ajudá-la, mas só se você, em princípio, tiver curiosidade.

ESFORÇO PARA SE DESLIGAR

A **sétima ferramenta** consiste em falar dos seus sentimentos. Você não achou que ia escapar disso, não é mesmo? Pode ser com um terapeuta, seu cônjuge, sua melhor amiga ou sua mãe. Qualquer pessoa em quem você confiar para assistir e ouvir sua dor e todos os outros sentimentos. No Capítulo 2 dou mais detalhes sobre essa ferramenta, pois a levo muito a sério. Não é para despejar todos os segredos mais profundos e sombrios no carteiro, e sim para confiá-los à pessoa certa.

Uma das sensações mais terríveis de se vivenciar é a solidão. Às vezes você se sente sozinha quando está cercada de pessoas. Faça a si mesma esta pergunta: você está escolhendo anestesiar os sentimentos ao não procurar ninguém? Está escondendo suas emoções ao fazer delas um segredo? Se for o caso, posso garantir que isso não está ajudando, embora possa parecer que sim. Falar sobre suas emoções pode parecer mais assustador, mas guardá-las apenas permite que elas proliferem, cresçam e façam você se sentir sozinha.

E a **oitava ferramenta** é aprender a confiar em si mesma e em seus sentimentos. Essa forma específica de sentir é nova para mim, e ainda bem que ela caiu na minha cabeça. Deixe-me explicar...

Cheguei a um ponto na vida em que estava cansada de fugir dos meus sentimentos e não chegar a lugar algum. Quando fiquei sóbria e parei de usar o álcool para anestesiar tudo o que sentia, não demorou muito para várias questões virem à superfície. Medo, arrependimento, luto, raiva, decepção, só para citar algumas. Toda a bagagem que eu vinha jogando para baixo do tapete, agora não tinha mais onde se esconder. Eu, basicamente, tinha parado de fugir, e estava na hora de encarar aquilo tudo. Eu sabia que precisava deixar de me anestesiar de forma crônica, mas não me dei conta do que aconteceria ao fazer isso.

Quando todas as emoções vieram à tona, eu não cedi voluntariamente. No começo foi o caos completo. Os sentimentos pareciam surgir do nada e algumas vezes eu entrava em pânico. Minha primeira reação foi de raiva. Então eu não tinha *nada*? Nenhum

COMO PARAR DE SE SENTIR UMA M✳RDA

mecanismo de anestesia para usar? Eu me sentia nua, exposta e frustrada. Fugir e me esconder parecia mais seguro.

O motivo para essa trepidação que eu sentia ao entrar nesse território desconhecido era que eu não confiava em meus sentimentos. Como na história de Cheryl que contei no início deste capítulo, quando ela diz: "Sinto que tenho um 'buraco negro' de mágoas e não quero abrir ou começar a mexer, porque tenho muito medo do que está lá dentro, tenho medo de perder o controle e, também, de doer tanto que eu acabe morrendo." Só de ficar em pé na beira desse buraco já sabemos que vai doer, e não podemos imaginar o quanto vai ser mais difícil se pularmos nele de olhos abertos.

E que fique registrado: eu *não* estou pedindo para você mergulhar de cabeça no buraco. Um pequeno passo pode ser observar quando você correr para pegar uma taça (ou uma garrafa inteira) de vinho e evitar isso. Ou quando bater a tentação de falar: "Estou bem, nem ligo para isso" e correr até o shopping, você parar e descrever o que está realmente sentindo. Bem devagar, você vai passando a confiar em si mesma e no seu coração, percebendo que *realmente* vai ficar tudo bem.

Às vezes, até *mais* do que bem. Minha amiga Holly, que admite ter usado comida, cigarros, até álcool para se anestesiar, fez um trabalho árduo para largar esse hábito. Parar de beber mudou tudo para ela, que escreve: "Tudo o que procurei a minha vida inteira, encontrei quando fiz uma escolha subversiva: parar de beber. A partir dali, tudo o que eu vinha tentando conquistar da maneira errada começou a acontecer. Minha vida, hoje, é irreconhecível, comparada à que eu tinha há alguns anos. Tudo porque escolhi parar de me anestesiar e dar a cara a tapa."

A verdade é que ninguém morre por sentir algo. Ninguém morre por se colocar à prova e permitir que as emoções façam o que precisam fazer. É o medo do desconhecido que assusta mais, e eu garanto: o seu verdadeiro objetivo — que a dor diminua — só vai ser conquistado quando você deixar as emoções acontecerem. Seu corpo sabe o que fazer. *Você* sabe o que fazer. Basta um pouco de confiança e de paciência para chegar lá.

ESFORÇO PARA SE DESLIGAR

> Eu garanto: o seu verdadeiro objetivo — que a
> dor diminua — só vai ser conquistado quando
> você deixar as emoções acontecerem.

A parte realmente difícil?

Abordei todas as pressões cotidianas da vida, mas e a parte *realmente* difícil? Quando eu estava escrevendo este livro, meu pai morreu. Eu estava sóbria havia cinco anos quando isso aconteceu, e sempre me perguntei o que faria quando enfrentasse um momento difícil como aquele. Eu beberia? Teria vontade de beber? Se não bebesse, usaria outro dos meus comportamentos anestésicos?

Na noite em que meu pai morreu, eu estava sozinha com ele, que recebeu visitas naquele dia, e minha madrasta tinha saído meia hora antes, para ir dormir em casa. Ele deu o último suspiro enquanto escutávamos Bob Dylan e eu falava sobre minhas lembranças de infância favoritas. Naquela época, foi absurdamente doloroso.

Nos dias e semanas seguintes, entendi o que as pessoas queriam dizer quando falavam que o mundo desabara ao redor delas. Nada fazia sentido. Eu sentia um peso avassalador no peito e não conseguia botar na cabeça que meu pai nunca mais cantaria "Parabéns" no meu aniversário ou beijaria minha testa. Eu ficava com raiva quando sabia que alguém era mais velho que o meu pai, quando ele morreu, pois isso significava que aquela pessoa estava vivendo mais que ele.

Mesmo nos dias em que voltei a me sentir normal, às vezes eu ficava sozinha em casa e me via sentada, ouvindo o tique-taque do relógio e entrando em pânico porque talvez ele tivesse tentado dizer algo importante nos últimos momentos e eu tivesse perdido. Pânico por ele ter ido embora, pânico porque meus filhos não iam sentir o amor do avô quando crescessem. Se houvesse muito silêncio e espaço ao meu redor, parecia que os sentimentos iam me engolir inteira.

Nas semanas antes de o meu pai morrer, decidi voltar para minha cidade natal, San Diego, e ficar com ele. Mandei um e-mail para minha colega Martha Jo Atkins e disse que meu pai estava morrendo, explicando o quanto a situação era uma bosta. Um dos pontos que se destacaram no e-mail de resposta foi este: "Estar com seu pai no meio de tudo isso tem potencial para ser uma das experiências mais difíceis e importantes de sua vida. Por mais que seja uma bosta, você consegue fazer isso — e é bom que esteja correndo para ele em vez de correr para longe. Isso é um grande amor."

Correr para ele em vez de correr para longe.

Porque, verdade seja dita, uma parte de mim queria ficar na Carolina do Norte para evitar vê-lo fragilizado. Para evitar o contato direto com a dor de ver meu pai morrendo. Eu queria me enterrar no trabalho, nos afazeres e em todo o resto para afastar meu rosto e meu coração dessa dor que destrói a alma.

Mas eu não fiz isso.

Eu me enfiei no avião, cruzei o país e, basicamente, fui ao encontro da dor. "Só quando nos expomos repetidamente à aniquilação é possível encontrar o indestrutível que há em nós."

Como fiz isso e continuo conseguindo sem me anestesiar? A resposta é tudo o que escrevi neste capítulo. É saber que meus sentimentos existem, e não são errados. Senti tristeza, mágoa, ressentimento, arrependimento, raiva, fúria, decepção, alívio, culpa, irritação e, provavelmente, muito mais. Deixei entrar esse arco-íris de sentimentos e não os julguei, nem tentei entendê-los. Assumi a responsabilidade pelos atos que cercavam meus sentimentos. Em outras palavras, eu não podia evitar o que sentia, mas podia escolher como reagir a eles ou como tratar as pessoas por causa deles. Às vezes a mera existência de pessoas ao meu redor ou a respiração alheia me deixava furiosa. Mas confiei que meus sentimentos iam passar e não mandei ninguém se foder. Eu me senti confusa com o luto e os outros sentimentos, e aceitei isso. Falei sobre os meus sentimentos e escrevi sobre eles.

Acho que o mais importante foi confiar em mim o suficiente para saber que não havia nada de errado com meus sentimentos,

ESFORÇO PARA SE DESLIGAR

que eu estava bem e que tudo aquilo fazia parte da vida, que é linda e excruciante ao mesmo tempo. Enfrentar o luto é atravessar o fogo. Provavelmente, é a situação mais assustadora que vou viver. Estamos convencidos que não podemos passar por isso sem jogar para baixo do tapete ou lutar com os sentimentos. Talvez por não ser algo linear, nós nos convencemos que é incerto demais.

Mas posso afirmar que esse tipo de fogo — dor, mágoa e todos os outros sentimentos — é tudo o que temos. É a prova mais significativa da beleza da vida que podemos experimentar.

Expressar sentimentos na frente de crianças

Vamos falar um momento sobre expressar sentimentos na frente de crianças. Eu cresci em uma casa na qual as emoções "difíceis" — luto, tristeza e perda — não eram mostradas para mim. Eu não sabia que eram normais, e quando elas surgiam, sempre me assustavam. Aprendi que ser forte era uma medalha de honra, e a ostentava com orgulho. Eu pensava: "Olha como sou durona, nada pode me derrubar."

Quase duas décadas depois, quando comecei minha jornada de desenvolvimento pessoal e tive meus filhos, percebi que isso não era saudável. Eu queria oferecer emoções saudáveis, mas me vi perguntando: "O que é saudável mostrar às crianças e o que não é?" A amiga que citei antes, Martha Jo Atkins, é especialista na área e fundou o Death and Dying Institute, então entende do assunto. Em resposta à minha pergunta sobre mostrar emoções a crianças, ela diz:

> Se o seu luto aparece de forma a levá-la a dar gritos agudos enquanto se debate no chão, isso vai assustar seus filhos, em vez de ajudá-los. Se você tiver lágrimas nos olhos ou fizer barulhos quando algo a incomoda, tudo bem. É bom tranquilizar as crianças quando elas virem lágrimas ou ouvirem barulhos com os quais não estão acostumadas, dizendo que você está bem, só

está muito, muito triste. Talvez elas precisem ser tranquilizadas mais de uma vez. As crianças precisam ver o luto saudável. Esconder as lágrimas, não deixar que vejam você chorar e segurar tudo para ser forte? Isso é admirável, mas não é necessário. E, no fim das contas, não é útil para você nem para os seus filhos. Eles precisam de alguém em quem se inspirar, mostrando que não há problema em partilhar emoções intensas quando algo triste acontece.

Eu realmente acredito que estamos prestando um desserviço às crianças quando tentamos ser fortes na frente delas. Nós pensamos que as estamos protegendo, mas na verdade, se nunca mostramos nossas emoções, estamos passando a mensagem que elas não são fortes o bastantes para testemunhá-las. Assim, elas não veem a verdadeira capacidade de recuperação nas pessoas em quem confiam. Elas confiam em você, então mostre a elas como confiar em suas emoções e sentimentos ao vivê-los. Você não vai acertar sempre, mas pode tentar.

Acabar com o hábito de se anestesiar é crucial para a felicidade. Você nasceu com a capacidade de se recuperar e consegue lidar com todas as dificuldades da vida. Após enfrentar as emoções difíceis, você vai prosperar. A verdadeira força e coragem é andar na direção do que a abala, em vez de fugir.

ESFORÇO PARA SE DESLIGAR

Faça a si mesma as perguntas difíceis:

- De que formas você se anestesia?

- Por que você faz isso? Mergulhe fundo e pense no que está por trás desse comportamento.

- De todas as ferramentas listadas para ajudá-la a sentir, quais são as mais difíceis para você? E quais você pode se comprometer a experimentar?

- Responda às seguintes perguntas em um diário:

  — E se nossos sentimentos fossem perfeitos para nós?

  — E se nenhum dos nossos sentimentos fosse "ruim" ou "errado"?

  — E se os seus sentimentos fossem apenas uma parte normal de ser humana?

CAPÍTULO 4

Comparação e desespero: o eterno "desgraçamento" de cabeça

> Eu me comparo com outras pessoas o tempo todo. Até com desconhecidos. Sinto que todo mundo tem a vida resolvida, tudo certo e controlado [...] menos eu. Digo a mim mesma que nunca vou ter o que desejo e vou acabar sozinha, porque não sou uma dessas pessoas que conseguem o que querem da vida. Não tenho tanta sorte quanto os outros. Não sou inteligente, bonita ou engraçada.
>
> — PAULA, 46 ANOS

Ah, as comparações. A base da falta de amor-próprio. Não sei se alguém consegue escapar disso, meninas. Você provavelmente sabe muito bem do que estou falando. Basta ver uma pessoa — um perfil na internet, uma colega, sua melhor amiga, uma celebridade na TV, uma desconhecida andando na rua — para descobrir algo sobre ela e se comparar. Às vezes você compara os bens materiais, o que elas estão fazendo agora e/ou vão fazer no futuro e a aparência delas. De modo consciente ou inconsciente, acaba se convencendo que elas têm o que você não tem e são o que você nunca poderá ser. E isso que elas têm ou são é finito, e não é para você. Além do mais, você se sente péssima em relação a si mesma e/ou coloca expectativas extremamente altas em si mesma para chegar onde a pessoa está.

Exemplo: minha melhor amiga, Amy, tem um casamento maravilhoso. Ela e o marido estão juntos há 20 anos, e, como escolheram não ter filhos, podem colocar toda a energia no relacionamento. Eles resolvem as diferenças de modo maduro e amoroso, e quando você os vê, sabe que eles se amam pra cacete. Sinceramente, nunca vi nada assim.

Eu tenho o que se chama de um "casamento normal". Não é segredo para ninguém que entrei no segundo casamento magoada e resolvendo umas merdas em minha vida. Meu marido e eu temos duas crianças em idade escolar. Uma vida meio diferente, não é? Sinto que tenho um casamento maravilhoso e nós trabalhamos regularmente para melhorá-lo. Contudo, há momentos em que vejo o casamento de Amy e não acho o meu tão bom assim: os bilhetes amorosos que eles deixam um para o outro, o idioma secreto que criaram e as noites a dois que eles têm toda semana às vezes atiçam minha crítica interior. Eu ouço que deveria ter o mesmo que eles, mas não estou me esforçando para isso, não sou uma mulher ou esposa suficientemente boa e o meu casamento não é o que deveria ser. Neste mundo que exige ter mais, ser mais e fazer mais, as comparações podem derrubá-la.

COMO RESOLVER ISSO?

Deixe-me começar dizendo que eu nunca, jamais, diria para você parar de se comparar aos outros. A questão aqui é gerenciar isso. Mesmo que suas redes sociais, provavelmente, estejam cheias de frases inspiradoras alegando que a chave para a felicidade é parar com esse hábito, a comparação faz parte da experiência humana. Nós vamos aprender a gerenciá-la em vez de montar acampamento lá. Assim, vamos parar de nos sentir uma merda e ficar mais felizes.

Podemos dizer que muitas de nós não estão usando as redes sociais para melhorar a autoestima, e sim para lembrar que muita gente por aí é melhor do que nós. E vou apostar que você já ouviu isso antes, mas *a verdade* é que as pessoas com quem você está se comparando estão encolhendo a barriga, fazendo pose nas férias, beijando seus cônjuges e mostrando suas proezas e conquistas incríveis de propósito. Elas não estão publicando que passaram boa parte do tempo sentadas no banheiro olhando o celular, indo e voltando para o trabalho de carro, lutando para criar os filhos, preocupadas com o saldo no banco, sentindo-se inchadas de tanto sorvete e todas as ações humanas que consomem quase todo o nosso tempo. Pelo amor de tudo o que é bom e sagrado, perceba que na maior parte do tempo você está comparando sua vida diária com os pouquíssimos momentos que as pessoas escolhem mostrar para o mundo por meio das redes sociais. É como colocar o Michael Phelps para nadar com a minha filha de 7 anos. Por mais que eu acredite na habilidade da minha filha de nadar cachorrinho (além das bananeiras que ela planta na parte rasa)... Bom, ela vai perder. Isso significa que ela nunca vai ser nadadora olímpica? Não, também não é isso. Essa comparação não faz o menor sentido, e medir sua vida em relação ao que as pessoas publicam nas redes sociais também não é uma comparação justa.

Na maior parte do tempo você está comparando sua vida diária com os pouquíssimos momentos que as pessoas escolhem mostrar para o mundo por meio das redes sociais.

As comparações nos convencem de que, se uma pessoa tiver algo que desejamos, nós não podemos obter o mesmo. Eu me pego comparando o meu casamento com o de Amy, por exemplo. O fato de minha amiga ter um casamento extraordinário não significa que o meu também não possa ser. Observe se você está inventando uma história semelhante a essa em suas comparações.

Quando você se compara a outras pessoas, vai sair perdendo na maior parte das vezes. Dificilmente você vai mergulhar nos pensamentos comparativos e pensar: "Ufa! Ainda bem que minha vida/aparência/casa/relação amorosa é incrível e *muito* melhor que a dela." Talvez até aconteça, mas é raro. Além disso, construir sua autoconfiança e felicidade com base nos fracassos alheios não é uma forma lá muito saudável de melhorar sua autoestima.

Fique íntima do seu sucesso

Com que frequência você reserva um tempo para sentir orgulho de suas conquistas? Eu passo essa tarefa regularmente para minhas clientes, e fico impressionada, pois elas me olham como se eu tivesse pedido para cantar o hino nacional em latim. Não só elas têm dificuldade para perceber a importância de reconhecer o próprio sucesso como se sentem muito desconfortáveis ao fazê-lo. Elas consideram essa atitude como arrogância e falta de humildade, e isso não surpreende. Como mulheres, fomos criadas para não ter orgulho das nossas vitórias.

Quando fizer essa tarefa, escreva uma lista básica. Em outras palavras, você pode ficar tentada a escrever: "Recebi uma promoção porque era a funcionária mais antiga do setor." Não, não e não. Em vez disso, escreva: "Fui promovida." Ou, em vez de: "Fui escolhida vendedora do ano em 2012, mas não havia muitos concorrentes", escreva: "Fui escolhida a maior vendedora de 2012." (Se você tiver muita dificuldade com isso, preste atenção ao Capítulo 6, sobre a síndrome da impostora.) A questão é: você fez ou não fez. Nada de usar qualificadores ou desculpas sobre a forma pela qual você conseguiu o que está em sua lista.

Além disso, esse inventário não se limita a grandes sucessos, como ganhar o prêmio Pulitzer ou ser astrofísica. Comece com vitórias como terminar o ensino fundamental e se formar no ensino médio Você pode ter passado em química orgânica na faculdade, dado à luz ou adotado um bebê, saído de sua cidade natal, parado

COMPARAÇÃO E DESESPERO

de fumar, ensinado um pequeno humano a usar o banheiro (o que não é fácil) ou dominado a arte de fazer francesinha nas suas unhas – nenhuma tarefa é pequena demais para essa lista!

Agora vem a parte divertida: trabalhar para sentir orgulho de si mesma. Antes de passar ao próximo capítulo, preste atenção.

Um dos maiores motivos para as mulheres ficarem extremamente desconfortáveis ao sentir orgulho pelos seus êxitos é a crença de que orgulho equivale a narcisismo ou arrogância. É mais nobre ser humilde e a passar pelas realizações sem reconhecê-las e seguir para o próximo item da lista. Pensamos: *"Ninguém gosta de uma mulher que se gaba demais.* Melhor ser discreta e não chamar atenção."

Não estou pedindo para você publicar sua lista de proezas no Facebook ou mesmo falar com alguém sobre elas. Se você se sentir bastante confortável para isso, vá fundo, e vou lhe dar os parabéns por isso. Ou se estiver com dificuldades com essa tarefa, experimente o seguinte: imagine que só você conhece sua lista de conquistas e ninguém vai descobri-la. Como estou falando hipoteticamente, se por algum motivo alguém a descobrir, não terá reação alguma. Em outras palavras: para fins deste exercício, ninguém está julgando você e sua lista. Seu inventário de conquistas não importa a ninguém, apenas a você.

Depois, quero que olhe para a lista e diga a si mesma: "Eu fiz tudo isso." *Ponto.* Lembre-se: nenhum qualificador ou desculpa por ter feito os itens da lista. Continue com: "Fiz tudo isso e tenho orgulho de mim." Experimente isso por *um minuto*. Lembre-se: ninguém tem opinião sobre o que você está fazendo. Essa lista e seu orgulho são apenas para você.

Você, provavelmente, passou boa parte da vida pensando que as conquistas alheias são melhores que as suas. Agora é hora de ganhar intimidade com as suas conquistas e ter realmente orgulho dos seus êxitos. Porque você os teve! Dar a si mesma permissão para curtir a satisfação de suas conquistas vai ajudá-la a gerenciar as comparações que estão levando você para baixo.

Controle o que puder

Em algum momento do ano passado eu deixei de seguir um monte de gente no Instagram. Percebi que estava seguindo muitas contas que publicavam vídeos curtos de ginástica, além de praticantes de yoga que publicavam suas posturas diárias. Minha intenção era usar esses vídeos de exercícios e me inspirar nas posturas de yoga para finalmente começar a praticar (inserir risada histérica aqui). Provavelmente, isso não vai surpreendê-la, mas, depois de alguns meses seguindo essas contas, percebi que na verdade, em vez de inspirada, eu me sentia mal quando as via no Instagram. Meu corpo e minha flexibilidade, definitivamente, não eram como os daqueles especialistas em ginástica e yoga, e não só isso, eu supunha que a vida deles era melhor que a minha. Quer dizer, se você pode saltar três degraus por vez fazendo agachamentos, é flexível e tem aparência zen, tudo em um vídeo de 30 segundos, certamente tem uma vida ótima e perfeita, não é?

Racionalmente, eu sabia que isso não era verdade. Eu era consciente de que aquelas pessoas tinham dificuldades reais como o restante de nós, mas nesses breves momentos em que passeava pelo Instagram eu sentia pequenas pontadas de inadequação, e isso acabava com minha felicidade em longo prazo.

Você pode sentir essas pontadas de inadequação o dia inteiro. Essas pequenas pontadas podem levar a uma grande pancada na cabeça com uma frigideira. Separadamente, elas não machucam tanto, mas, ao longo do tempo, o acúmulo pode e vai fazer um estrago em sua autoestima como um todo.

Como eu sabia que seguir essas pessoas não ajudava em meu regime de exercícios físicos, simplesmente parei de segui-las. O engraçado é que, no momento em que meu dedo estava em cima do botão para deixar de segui-la, senti leve pânico, com este pensamento: "Bom, se eu não seguir essas pessoas, *é claro* que nunca vou acertar minha rotina de bem-estar." OLHA A INSANIDADE DISSO. Eu parei de segui-las mesmo assim, driblando minha crítica interior e sabendo muito bem que o futuro da minha saúde física

COMPARAÇÃO E DESESPERO

e mental não dependia do Sr. Barriga Tanquinho do Instagram. Por isso, troquei essas pessoas por gente que me faz rir, em vez de piorar minha autoestima.

Na vida real, também pode haver pessoas para deixar de seguir. Obviamente, não dá para se livrar de todos com quem você se compara, mas pense nas pessoas que estão nas áreas "periféricas" de suas amizades. Pode ser aquela garota que trabalha em outro departamento que você sempre procura e com quem conversa na happy hour. A que sempre usa as roupas incríveis e tem um namorado lindo que acabou de ser promovido. Ou a prima que você vê na reunião anual de família que começou o próprio negócio e sempre parece feliz (que ousadia!). Se essas pessoas desencadeiam comparações e você se sente inadequada perto delas, então não é sacrifício algum deixar de falar com elas. Dê a si mesma a permissão para fazê-lo.

É claro que não podemos deixar de seguir *todas* as pessoas que despertam comparações, mas pense nas coisas que provocam suas comparações e você *pode* controlar. As redes sociais são um fator imenso. O que você assiste na TV, também. Tenho uma amiga que não pode assistir a *Keeping Up with the Kardashians* sem se sentir mal em relação à própria vida. Ela se compara, em tudo, com as estrelas do reality show, da conta bancária ao cabelo, e nunca se sente bem após assistir ao programa. Então, ela parou. Qualquer gatilho, grande ou pequeno, soma-se a um todo que abala sua autoconfiança e autoestima.

Além disso, pense no que você considera inspiração. Você pendura na geladeira uma foto em que está 10 quilos mais magra para se "inspirar" e comer melhor? Ou isso só motiva comparações entre o seu corpo atual e o antigo e faz você se sentir uma merda? Você tem painéis no Pinterest preenchidos com a casa dos sonhos, o guarda-roupa dos sonhos, os relacionamentos dos sonhos, e quando os vê acaba se sentindo péssima? Qual é o limite para você? A verdadeira definição de "inspirar" é produzir ou gerar um sentimento ou pensamento. Tenho certeza de que, quando você pensa em criar algo que a inspire, é para produzir *bons* pensamentos, certos?

COMO PARAR DE SE SENTIR UMA M✳RDA

O objetivo aqui é perceber que você está fazendo isso e escolher *não* entrar na onda de se sentir o maior fracasso que já pisou na face da Terra. Apresentei você ao mantra no Capítulo 1, e agora vamos usá-lo para conscientizá-la e tirá-la da armadilha da comparação. Lembre-se: mantras não são iguais a afirmações positivas. Uma afirmação positiva seria dizer o quanto você é incrível quando se compara com a Miss América, enquanto um mantra serve para chamar sua atenção e tirá-la das profundezas do desespero ou, melhor ainda, alertá-la antes de chegar lá. Meu mantra favorito de todos os tempos é: "Pois é, aconteceu." Estou apenas dizendo o óbvio de modo neutro (não estou me criticando por estar nessa situação nem sendo excessivamente positiva). Isso me permite estabelecer um limite e escolher outro comportamento.

O objetivo aqui é perceber que você está fazendo isso e escolher *não* entrar na onda de se sentir o maior fracasso que já pisou na face da Terra.

Por exemplo, um dia eu estava no Facebook e vi uma publicação de outra *coach* de vida, que abriu a própria empresa alguns anos antes de mim e ganhou popularidade na internet. Ela publicou que foi convidada para falar em um evento em Londres. Bastaram alguns cliques e vi todos os lugares exóticos aos quais ela viajou para dar palestras. E eu nunca saí da América do Norte! Veja como o processo de pensamento aconteceu: "Nunca vou ter uma carreira de palestrante como a dela. Como ela não tem filhos, tenho certeza de que a vida dela é cheia de viagens de compras, dias passados em spas, e ela deve andar por aí fazendo o que dá na telha." Em menos de um minuto e por causa de *uma* postagem no Facebook, eu criei uma história inteira não só sobre a vida dela como também sobre o quanto a minha vida era pior, além de o meu futuro estar fadado ao fracasso. Após alguns minutos dessas bobagens, como eu me sentia cada vez pior, percebi o que estava acontecendo, então disse: "Bom,

COMPARAÇÃO E DESESPERO

aconteceu", e fechei o notebook. De novo, não tentei transformar meus pensamentos para me dizer o quanto sou incrível ou que eu *iria* algum dia viajar o mundo fazendo palestras. Foi uma questão de me flagrar no momento, perceber o que estava acontecendo e mudar de rumo.

Mesmo que a comparação pareça um dos hábitos mais difíceis de abandonar, garanto que com um pouco de esforço isso é possível para você se sentir melhor. Veja o exemplo de Dusti, escritora e mãe, de 29 anos:

> Tenho um blog há seis meses e comecei a me comparar a outras mulheres que fazem o mesmo. Várias tinham mais experiência e não enfrentavam as mesmas dificuldades singulares que eu. Tentei de tudo, desde imitar o estilo delas até mudar minha aparência para me transformar em algo que eu não era.
>
> Só parei de fazer isso quando reservei um tempo para encontrar meu espaço na internet, no qual podia viver a minha verdade em voz alta, sem medo de me destacar como eu era e sem adotar o verniz e o fingimento dos maneirismos alheios. Outra grande ajuda para não me comparar foi que amadureci o suficiente para saber que muitas dessas pessoas também são humanas por baixo da calma superficial e do cabelo perfeito.
>
> Ainda tenho momentos em que me comparo a outras mulheres. Quando faço isso, eu paro, lembro o quanto sou grata pelo que conquistei e penso no quanto já fui longe. Abandonar o hábito de me comparar não só me ajudou a ficar mais contente com a vida como aumentou minha criatividade. O "velho estilo" de vida não é mais atraente para mim!

As comparações podem ser imensos ladrões de energia e felicidade. É um hábito difícil de abandonar, mas, sem dúvida, você tem o comando e pode controlar suas comparações. Observe, use suas ferramentas, continue praticando e você vai encontrar muito mais alegria em seus dias!

Faça a si mesma as perguntas difíceis:

- A que ou quem você mais se compara?
- Que mudanças você pode se comprometer a fazer para evitar as comparações?
- Monte sua lista de sucessos.
- Há algo que você chame de "inspirador", mas que na verdade está piorando sua autoconfiança e autoestima? O que você pode fazer em relação a isso?

CAPÍTULO 5

Como demolir a própria vida: autossabotagem

Chega um momento ótimo na vida quando sabemos claramente o que queremos. Viramos oficialmente adultos! Talvez tenhamos ficado de saco tão cheio dos relacionamentos tóxicos que enxergamos nossos padrões e agora estamos prontas para um relacionamento adulto e saudável.

Ou, então, decidimos nos destacar no trabalho. Sabemos que podemos ganhar mais na carreira, então aceitamos projetos extras e começamos a subir na hierarquia da empresa.

Passamos pela vida alegres e com uma sensação de merecimento não só por querer o que queremos como por batalhar por nossos objetivos. Um viva para todas nós!

Aí a situação começa a ficar interessante.

Seu relacionamento vai bem, mas então você começa a pensar em todos os seus relacionamentos fracassados. Você não está acostumada a isso, nem sabe como agir. Talvez tenha medo de ser vista com todos os seus defeitos, por isso se esconde e se afasta de seu cônjuge.

Ou talvez você tenha conseguido algum sucesso no trabalho e isso pareça assustador. Você sente a pressão e pergunta: "Como vou conseguir manter isso?" A crítica interior entra em campo e começa a mandar, dizendo que você não merece ser promovida,

COMO PARAR DE SE SENTIR UMA M✳RDA

que outras pessoas têm mais experiência e qualificação e que você, provavelmente, vai estragar tudo, cedo ou tarde.

Algumas vezes você pode até fazer o *oposto* do que sabe que precisa fazer para conquistar seus objetivos. Não faz sentido para você, ou para qualquer outra pessoa, mas você continua agindo desse modo. Talvez você arrume brigas com seu parceiro ou comece a flertar com outra pessoa. Ou, pior ainda: quando seu relacionamento está satisfatório, você trai.

No trabalho, você fracassa nos projetos, pisa na bola com clientes e, na festa de Natal da firma, bebe demais, mostra a calcinha fio dental ao rebolar até o chão e dá uns amassos em uma das pessoas do bufê. Tudo isso sabendo que não deseja se apresentar dessa forma aos colegas de trabalho e tendo plena consciência que essas escolhas não são as melhores. Mas você as faz, mesmo assim.

Isso, minhas amigas, é autossabotagem. É demolir a própria vida, destruindo tudo a esmo e parando ocasionalmente para observar o estrago. Mas, infelizmente, isso não é um jogo. É a sua vida.

É como se você tentasse chegar à homeostase, o ponto no qual se sente mais confortável. Um lugar discreto e pequeno, onde você não chama a atenção a ponto de as pessoas comentarem ou onde você vai se machucar quando tudo desabar. É como se esse desabamento fosse inevitável, então você está apenas tentando controlar seu destino ao destruir tudo de uma vez.

Antes de seguir adiante, é importante destacar que existem dois tipos de autossabotagem: a consciente e a inconsciente. Quem faz isso conscientemente sabe que seus atos estão prejudicando sua vida e escolhe agir mesmo assim. Às vezes essas pessoas até querem mudar, mas não sabem como. Ou elas simplesmente não se importam nem estão prontas para encarar a situação e mudar (aliás, elas provavelmente *não* estão lendo este livro).

Vejamos o case da Liz, por exemplo: "Quando tudo está muito bem em um relacionamento, amizade ou qualquer situação com outra pessoa, percebo que tento sabotar tudo, para não ser magoada. Então me afasto ou termino com a pessoa. Eu não era assim, mas passei a fazer isso depois de me divorciar. Como deixei uma pessoa entrar em minha vida e no meu coração, e isso não deu certo, acho que simplesmente não quero que se repita, nunca mais. É como se não valesse mais a pena tentar uma aproximação com alguém."

Ou Rebecca, jovem mãe solteira que me contou sobre um namorado com quem terminou e reatou várias vezes ao longo dos anos: "Não é um relacionamento saudável, eu sei." Ela sai com outras pessoas, mas sempre que está solteira, liga para esse ex-namorado. "Mesmo antes de pegar o telefone e mandar mensagem para ele, eu sei que é errado. Sei que vai acabar mal, mas faço mesmo assim."

Liz e Rebecca são dois exemplos de autossabotagem consciente. Elas sabem que seus atos não estão ajudando em nada, sabem que, provavelmente, vão conseguir a vida que *realmente* desejam ao fazer escolhas diferentes, mas tomam a decisão consciente de fazer as escolhas erradas.

Quem faz a autossabotagem inconsciente, por sua vez, não sabe que seus atos vão magoá-la e afastá-la do que deseja. Esse comportamento é comum em relacionamentos, especialmente se você está acostumada a relações pouco saudáveis que acabam em caos (veja o exemplo do início deste capítulo). Você entra em um relacionamento com uma pessoa ótima, que parece emocionalmente saudável e, na maior parte do tempo, tudo corre bem. Aí, um dia, você se vê mandando mensagens para um ex-namorado perguntando se pode devolver um antigo CD das Spice Girls que acabou de encontrar, e será que ele aceita tomar um café só para botar o papo em dia? Você se convence de que não há problema nisso. Afinal, ele provavelmente precisa do CD e é só um café, certo? Aí você começa a arrumar briga com o novo namorado e aponta tudo o que ele está fazendo de errado. Quando você se dá conta, ele termina o namoro, e está tudo acabado. Além disso, quando você encontra seu ex-namorado, rapidamente lembra por que terminou com ele. Aí você não consegue entender por que sempre acaba na mesma situação.

Em outras palavras, você pode estar destruindo a felicidade e tudo o que realmente deseja. Você culpa os outros por isso, põe na conta dos seus próprios defeitos ou até alega que é sua "personalidade rebelde", mas na verdade e bem lá no fundo, há algo mais.

COMO PARAR DE SE SENTIR UMA M✳RDA

Nós agimos assim por alguns motivos. Primeiro porque agir para conquistar nossos objetivos significa dançar com a vulnerabilidade. Afinal, pode não dar certo. Podemos não conseguir. Podemos fracassar. Talvez até levar um pé na bunda. As pessoas podem dizer algo sobre nós que não gostamos. Podemos ter sucesso e as pessoas podem se meter ou ficar desconfortáveis com isso. NÃO há garantias. Se eu conheço bem o meu eleitorado, vocês *amam* resultados garantidos. Somos viciadas em certezas (os iguais se reconhecem). Deixar rolar e confiar em nós e no Universo é tão assustador que simplesmente não conseguimos fazê-lo.

Essa é uma daquelas situações em que os dois resultados são ruins: ou ficamos na mesma e praticamos a autossabotagem (o que é uma bosta) ou corremos atrás dos nossos objetivos (o que é assustador e também pode ser uma bosta). Tendemos a seguir a opção mais familiar: ficar onde estamos e continuar nos sabotando. Pode parecer loucura, mas geralmente não gostamos de mudanças. É algo que incomoda. Se continuarmos na mesma, saberemos qual será o resultado e, de alguma forma estranha, isso nos deixa mais confortáveis. Até o dia em que o conforto desaparece.

Outro motivo para a autossabotagem é que você simplesmente não gosta de si mesma. A falta de autoestima geralmente leva a comportamentos que reafirmam o quanto você é um lixo (na sua cabeça). Em outras palavras, inconscientemente você reúne provas para confirmar que não merece algo bom e muito menos o amor de alguém. Exemplo: Rebecca, a jovem que sempre voltava para o namorado, mesmo sabendo que era uma escolha ruim. Pode-se dizer que no fundo ela não tinha uma opinião muito boa sobre si mesma, então fazer boas escolhas em termos de relacionamentos era desconfortável e parecia estranho. Como ela estava acostumada a se sentir uma merda, não surpreende a escolha de um homem que confirme essa crença.

Talvez você não se odeie, mas a autossabotagem seja apenas um mau hábito. Entrar em forma e comer de modo saudável são exemplos comuns. Você sabe que precisa comer melhor e fazer exercícios, sabe *como* fazer isso e talvez até compre mais frutas e um novo espremedor para sucos. Mas aí as verduras estragam, você adia os exercícios físicos e simplesmente não muda. A falta de impulso leva à falta de motivação, que é difícil de superar. Logo você volta a comer alimentos pouco saudáveis e não consegue descobrir o motivo.

COMO RESOLVER ISSO?

Então, qual é a solução? Se você é adepta da autossabotagem, deixe-me definir os passos necessários para interromper esse comportamento e conquistar uma vida fodástica.

Admita e identifique

Olhe para o seu passado e os momentos em que percebeu que sabotava a própria vida. Relacionamentos, trabalho, saúde e boa forma e dinheiro (sim, dinheiro) são as áreas mais comuns. Esta etapa é importante para entender o que realmente está por trás dessa atitude.

Faça a si mesma a pergunta: *O que de fato estou evitando?* Por exemplo, Liz, provavelmente, está evitando confiar em alguém porque se magoou no divórcio, mas estendeu essa desconfiança às amizades, além dos relacionamentos amorosos. E quando Rebecca manda mensagens para o ex-namorado mesmo sabendo que isso não é bom para ela, talvez evite suas questões sobre relacionamentos. É mais fácil ter breves momentos de diversão sem compromisso, sabendo como tudo vai acabar, do que enfrentar a incerteza de um novo relacionamento e/ou encarar a dor do *motivo* pelo qual ela sempre escolhe os caras errados.

Comece a trabalhar

Agora, faça duas listas.

- Escreva o que você realmente deseja. Não diga: "Quero um Tesla, mais dinheiro e um namorado gato." Você quer tudo isso, é claro, mas o que deseja *de verdade*, provavelmente, é reconhecimento, validação emocional, liberdade, paz, intimidade e conexão humana. Desça mais algumas camadas e faça as grandes perguntas, pois no fim das contas não é a coisa que desejamos e sim a sensação ou a experiência que esperamos obter ao conseguir aquilo. Sempre. Não há nada de errado em querer reconhecimento por todo o seu trabalho árduo, e esse caminho toma a forma de uma promoção na empresa. Não tem problema querer intimidade e conexão em um relacionamento saudável. Você merece tudo isso.
- Liste o que você tem medo de acontecer caso consiga o que quer. Por exemplo, talvez você queira um relacionamento saudável, e quando mergulha mais fundo, descobre que deseja intimidade, e pode ter medo de ser vista pelo que é de verdade: um ser humano imperfeito e falível. Talvez você tenha sido rejeitada no passado ou tenha traumas de infância, que estão surgindo. Ou, então, conseguir a promoção, mais dinheiro e reconhecimento despertam o medo de manter tudo isso ou nervosismo por estar sob os holofotes. Ser bem específica sobre o que exatamente a assusta vai deixá-la mais perto da cura. É impossível resolver suas questões sem saber o que a atrapalha.

Ser bem específica sobre o que exatamente a assusta vai deixá-la mais perto da cura. É impossível resolver suas questões sem saber o que a atrapalha.

COMO DEMOLIR A PRÓPRIA VIDA

Peça ajuda

Sim, é aquela vulnerabilidade chata de novo. Neste passo, você vai pedir ajuda a uma pessoa que adquiriu o privilégio de ouvir sua história. Enfatizo muito esse ponto ao longo do livro (ver o Capítulo 2). Deixe-me contar um detalhe: quando você começa a entender do que *realmente* tem medo, acaba descobrindo que tem muito a ver com a ideia de ser vista, de mostrar quem você é de verdade e de correr o risco de ser aceita ou rejeitada por isso. Mas, com sorte, você tem uma pessoa a quem pode contar todos os seus medos e admitir que está se sabotando em relação a (insira aqui o que incomoda)

A autossabotagem adora ficar livre, leve e solta em sua vida, mas apenas se for o seu segredinho. Uma vez exposta, ela começa a diminuir. Mesmo que você continue a se sabotar, a destruição generalizada fica mais difícil, e agora há outra pessoa que pode carinhosamente cobrar decisões melhores da sua parte.

Tome a iniciativa

Sendo mais específica: tome uma iniciativa imperfeita, assustada e corajosa. Confie em mim: ao usar as três ferramentas anteriores, você vai esmagar os comportamentos de autossabotagem. Para mergulhar fundo em seus hábitos e contá-los a outro ser humano confiável — o que você já fez —, é preciso *ter peito*, portanto, essa etapa final não deveria ser tão assustadora assim.

Contudo, praticar a coragem nunca é um caminho em linha reta, então não se espante em caso de complicações. Quando você se pegar tendo uma recaída de autossabotagem em vez de mergulhar na incerteza dos seus desejos — seja se candidatando a uma promoção no trabalho em vez de deixá-la passar ou pedindo à sua nova amiga para bater um papo em vez de se isolar com um pote de sorvete —, o resultado não é previsível. Você pode não conseguir a promoção ou sua nova amiga talvez tenha outros planos para aquele dia.

COMO PARAR DE SE SENTIR UMA M✱RDA

Nessas horas, sua crítica interior pode aparecer dizendo algo como: "É por isso que não se deve tomar a iniciativa. Você nunca deveria ter pedido o que desejava." Mas a questão é: você escolheu *ter peito* em vez de seguir com seus hábitos antigos.

Ou talvez você nem perceba que está voltando aos hábitos de autossabotagem. E sua crítica interior tem tudo a ver com isso. Mas estamos falando de progresso, não de perfeição. Um passo de cada vez. Um hábito, uma decisão e uma situação de cada vez.

Quando você perceber que está se sabotando, faça a seguinte pergunta: "No fim das contas, vou ficar bem se não escolher *ter peito*? Vou ficar bem sabendo que poderia ter tomado a iniciativa mesmo com medo?" Não podemos nos livrar do medo, mas podemos enfrentá-lo.

Embora pareça absurdo, a autossabotagem significa pegar o caminho mais rápido, fácil e, às vezes, divertido. Como acontece com todos os hábitos mostrados neste livro, ela nunca fornece o resultado que você realmente deseja nem representa quem você realmente é, mas você está tão acostumada a esse comportamento que ele virou algo natural. E muitas vezes você só vai perceber o que fez quando estiver se recuperando dos estragos que acabou de causar.

A autossabotagem é a passagem só de ida para você se sentir uma merda o tempo todo. Não deixe isso encurralá-la. Você é incrível, inteligente e capaz de esmagar esse hábito, com o qual se acostumou, mas que acaba com sua felicidade.

COMO DEMOLIR A PRÓPRIA VIDA

Faça a si mesma as perguntas difíceis:

- Se você se sabota, é de modo consciente ou inconsciente?
- Mergulhando mais fundo: por que você acha que se sabota?
- O que você realmente deseja? Não os objetivos em si, mas os sentimentos e as experiências que você espera obter com eles?
- Bem lá no fundo, do que você tem medo?
- Com quem você pode dividir esses medos?
- Que tipo de atitude imperfeita, assustadora e corajosa você vai escolher?

CAPÍTULO 6

"Eu sou uma fraude": a síndrome da impostora

Você já conseguiu realizar algo importante, sentiu orgulho por uns cinco segundos e depois, imediatamente, se perguntou quando todos iriam descobrir sua incompetência? Ou você arranja desculpas para o que acontece de bom em sua vida? Por exemplo, você recebe uma promoção e pensa: "Ah, provavelmente eles foram pressionados pela alta gerência para promover uma mulher, por isso eu consegui."

No livro *The Secret Thoughts of Successful Women: Why Capable People Suffer from the Imposter Syndrome and How to Thrive in Spite of It*, a autora Valerie Young diz:

> Em resumo, a síndrome do impostor se refere à pessoa que tem uma crença persistente na própria falta de inteligência, habilidades ou competências. Ela está convencida de que o reconhecimento e os elogios alheios em relação a suas conquistas não são merecidos, atribuindo tudo ao acaso, ao próprio charme, aos contatos e outros fatores externos. Incapaz de internalizar ou sentir que merece o sucesso, ela duvida continuamente de que conseguirá repetir sucessos anteriores. Quando ela alcança o sucesso, sente mais alívio do que alegria.

COMO PARAR DE SE SENTIR UMA M✳RDA

Quando falo sobre esse assunto com mulheres e elas se identificam, a primeira frase que dizem é: "Nunca soube que havia um nome para isso!" A síndrome da impostora é uma parte específica da sua crítica interior, sendo mais comum do que se imagina.

Vejamos a Rachel, por exemplo:

Fiz faculdade de enfermagem e me formei com honras. Ao longo do curso, achava que estava adivinhando as respostas certas nas provas, [porque] eu realmente não sabia ou compreendia as informações. Agora sou enfermeira da emergência e me considero a menos competente do hospital. Sei que me preocupo com meus pacientes, mas ainda sinto que meus colegas e chefes sabem que sou a pior enfermeira dali. Tenho orgulho de ter me formado, mas não sinto que deveria ter orgulho de ser enfermeira na emergência, porque não acredito que saiba bem o que estou fazendo a ponto de sentir orgulho.

Muitas mulheres se sentem impostoras no trabalho, mas não fica só nisso. Elas também costumam se sentir uma fraude nos relacionamentos pessoais. Karen diz: "Estou com meu namorado há quase 15 anos. Mesmo sabendo que ele me adora e não deseja que eu vá embora, tenho medo de um dia ele acordar, questionar o que raios está fazendo comigo e terminar o relacionamento. Nas amizades, eu sempre espero as pessoas dizerem que só estavam me agradando por terem notado o quanto sou patética e não queriam me deixar pior ainda, por isso fingiam ser minhas amigas."

Um dos pontos mais impressionantes da síndrome da impostora é que as mulheres não a conhecem. Elas não só ficam surpresas ao saber que isso realmente existe, como se mostram espantadas ao saber que outras mulheres pensam e agem da mesma forma. Elas percebem que as mulheres tendem a se criticar mais no geral, mas têm dificuldade de aceitar que outras mulheres andem por aí se sentindo uma fraude. Isso adiciona uma camada extra de solidão.

"EU SOU UMA FRAUDE"

POR QUE VOCÊ TEM ISSO?

Não há dúvida que ao chegar a uma determinada idade todas as peças tendem a se encaixar, e conseguimos entender a origem de várias crenças, hábitos e comportamentos, identificando o que nos foi dado por nossas famílias. E há, também, as impressões sobre o que pais, irmãos e professores pensavam de nós. Não acredito que alguém saia da infância e adolescência completamente ileso, mesmo tendo crescido em uma família "saudável", com pais que tiveram as melhores intenções. A maioria de nós cresce com alguns hematomas e cicatrizes.

Uma vasta gama de experiências pode ter criado sua síndrome da impostora. Talvez seus pais só se concentrassem nas notas 8 que você tirava, mesmo que todo o resto tenha sido 10, ou ignorassem o seu sucesso para estimular sua humildade e não criar uma filha egocêntrica. Ou, então, você era elogiada apenas por ter participado do concurso de redação, mesmo sem ganhar, e sentia que não merecia os elogios. Talvez você tenha tido um irmão, ou irmã, com dificuldades na escola, então seus pais faziam de tudo para não elogiá-la demais. Ou talvez sua irmã fosse "a inteligente da família", e você era "a engraçada", e você sempre sentiu que *nunca* poderia ser como ela.

Além dos motivos que alimentaram sua sensação de ser impostora na infância, você pode atuar em uma área que gere problemas de autoconfiança. Talvez você esteja cercada de homens no ambiente profissional e sinta que precisa trabalhar o dobro para ter suas ideias e opiniões ouvidas. Ou talvez tenha uma carreira de muito sucesso e muita gente se inspire e cultive altas expectativas relacionadas a quem você é como pessoa e profissional.

Ou, ainda, nada disso aconteceu a você.

Se nada disso aconteceu, quase posso garantir que sua síndrome da impostora veio da nossa cultura, que minimiza o sucesso e a inteligência das mulheres, então, quando você *é* boa, inteligente, experiente e qualificada o suficiente, essas suposições há muito arraigadas dizem que, como mulher, é simplesmente absurdo ser tudo isso. Nós acreditamos que é ilógico ser boa, inteligente e realizada e, com pensamentos assim, pode ser quase impossível aceitar e confiar em si mesma.

Em outras palavras, a culpa não é sua. Agora cabe a você mudar esse processo habitual de pensamento, pois é exatamente isso: um processo habitual de pensamento! É definitivamente possível modificar suas ideias de que você é uma fraude.

COMO RESOLVER ISSO?

Não se sentir uma merda devido à síndrome da impostora tem muito a ver com sua crítica interior, mas quando a síndrome da impostora age, o discurso interno é bem mais definido. Se você leu a descrição do complexo de impostora e pensou "É, eu sou assim!", já resolveu a primeira etapa, e sabe o que está enfrentando.

Após ter reconhecido a irritante síndrome da impostora, há vários passos aparentemente pequenos (mas fundamentais) para lidar com ela. Se você trabalhar em um deles verá mudanças, mas se trabalhar em todos verá uma grande diferença.

Caia na real

Vamos fingir por um minuto. Digamos que a voz da síndrome da impostora esteja com a razão e você realmente *não tem ideia* do que está fazendo, está *mesmo* enganando a todos e não passa de uma grandessíssima fraude.

Agora pense seriamente no que acabei de dizer. Isso exigiria um trabalho enorme. Algo equivalente a dar um imenso golpe, como roubar a coleção de chapéus da rainha da Inglaterra ou qualquer coisa assim. Você está supondo que as pessoas a quem enganou são totalmente idiotas. Tão burras que nem percebem sua incompetência e a deixam continuar agindo mesmo assim.

"EU SOU UMA FRAUDE"

Espero que você perceba que o cenário anterior é totalmente irracional e consiga aceitar pelo menos *parte* das suas conquistas. Ao dar às pessoas ao redor um pouco de crédito e saber que elas não seriam enganadas assim tão facilmente, você pode perceber que *realmente* tem habilidades e conhecimentos legítimos. Porque, saiba: *você os tem.*

Cuidado com as palavras

O próximo passo é ter cuidado com o que você fala. Não, eu não estou me referindo a palavrões (até porque sou fã deles), e sim a prestar atenção quando você falar de suas experiências, habilidades e sucessos. Você usa palavras como "apenas", "somente" ou "só"? Se for o caso, você não só está se questionando como também deixando os outros saberem como se sente em relação às suas experiências, habilidades e sucessos. Este pequeno passo talvez seja imenso. O jeito como você fala de si mesma em voz alta para os outros não é para o bem deles, é para o seu. Não estou pedindo que seja egocêntrica e saia por aí se elogiando o tempo todo, ou assumindo o crédito por coisas que não fez. Peço, apenas, que fique atenta a afirmações como esta: "Eu só criei um novo sistema para aumentar os lucros da empresa, e por isso nós tivemos um aumento de apenas 43 por cento este ano." Não. Apenas pare com isso. Colocar as palavras "só" e "apenas" dá a impressão de que qualquer mané pode fazer isso. Mude para: "Criei um novo sistema para aumentar os lucros da empresa e por isso tivemos um aumento de 43 por cento este ano." Você ganha pontos extras se acrescentar: "E aí, sou boa ou não?" (Estou brincando, mas não muito.)

O jeito como você fala de si mesma em voz alta para os outros não é para o bem deles, é para o seu.

Em outras palavras, *assuma* o que fez e realizou em voz alta. Sua crítica interior pode ficar louca e ligar o alerta vermelho, dizendo frases como: "Seja humilde, ninguém quer ouvir uma pessoa se gabando." Se isso acontecer, ótimo! Primeiro, porque você está aprendendo a ouvir o blá-blá-blá da sua crítica interior, e, segundo, por estar um passo mais perto de mudar os pensamentos, crenças e padrões que vem seguindo há décadas. Então ouça sua crítica interior, agradeça pelo que ela tem a dizer e siga em frente. Dê a si mesma permissão para usar uma linguagem que não a diminua ou faça se sentir e parecer pequena. Autorize-se a assumir a responsabilidade pelos seus esforços e pelo seu jeito de ser. É uma questão de usar sua força!

Aceite o feedback positivo

Este passo talvez seja doloroso para você. Se eu a conheço bem, posso adivinhar que, ao receber um feedback positivo, você adota uma (ou todas) as atitudes a seguir: atribui o sucesso à ajuda que recebeu de outra pessoa (mesmo se foi só uma pequena ajuda), desconsidera totalmente o elogio pensando nos erros que cometeu no passado (consequentemente, anulando os bons resultados) ou volta aos questionamentos originais sobre quando vão descobrir que você é uma fraude.

Sobre o feedback positivo, gostaria que pensasse em duas questões:

1. E se você pudesse ouvi-lo e supor que a pessoa está sendo sincera e dizendo a verdade sobre o que pensa de você e/ou do seu trabalho? Que ela *não* está sacaneando você?

   Quero que você tente fazer uma pausa ao receber um feedback positivo. Essa pausa é importante ferramenta em todas as situações da vida nas quais nosso primeiro instinto é fazer ou dizer algo que faz sintamos uma merda. A pausa pode ser como uma verdadeira briga de rua com sua crítica

"EU SOU UMA FRAUDE"

interior (com direito a muitos chutes e gritos), mas você precisa passar por esse desconforto por um minuto. Receba o feedback pelo que ele realmente é. Em vez de julgá-lo ou desprezá-lo, olhe para ele de forma objetiva.

E se você ouvisse esse elogio e o encarasse como ele realmente é: alguém lhe dando um presente?

Se essa pessoa tivesse lhe dado um presente físico, algo que ela escolheu e embrulhou com todo o cuidado, deu um laço e talvez até tenha escrito um cartãozinho à mão, você, com certeza, não iria abri-lo e jogar de volta na cara dela, certo? Você não largaria o presente no chão e sairia bruscamente, não é? Claro que não, pois você não é babaca.

Então, por que fazer isso quando alguém revela apreço, elogia ou reconhece seus esforços? Por que outras pessoas podem aceitar esse presente, mas você não consegue? Acima de tudo, quero que experimente isso. *Você merece esse presente*, pois trabalhou para isso. As pessoas ao seu redor não estão conspirando para inventar reconhecimento e elogios. Se elas lhe dão isso, acredite nelas.

Parte do turbilhão interno da síndrome da impostora é causada pelo perfeccionismo, e, com ele, o medo de não saber tudo. E de que você seja julgada, criticada e rejeitada em consequência disso.

Em resumo: ser perfeita e especialista em tudo parece a única solução para a síndrome da impostora. A crença é: *Se eu souber tudo, fizer tudo perfeitamente e jamais cometer erros, não haverá motivo para pensarem que sou uma fraude.*

O problema óbvio disso é que ninguém sabe tudo e ninguém é perfeito. Não sou a primeira pessoa a dizer isso (tenho certeza de que você já ouviu algo assim 1 milhão de vezes), mas lá no fundo você *continua* exigindo de si mesma um padrão impossível.

Vou explicar de modo bem simples: sempre haverá algo que você não sabe, não importa quantos diplomas, certificados e prêmios adquira; não importa quanta prática, treinamento e experiência tenha, ainda haverá algo que você não sabe. Ainda vai cometer erros (com sorte, vai mesmo, pois é assim que se aprende, cometendo erros, em vez de acertando o tempo todo). E até o dia do seu último suspiro ainda haverá coisas que você desconhece.

Sempre haverá algo que você não sabe.

Cometer erros não faz de você uma farsa. Estar enganada não faz de você uma fraude. Ser imperfeita não faz de você uma impostora. Tudo isso significa que você é um ser humano, como o restante de nós. Sempre tentando fazer o melhor, tropeçando na vida, acertando muito e errando um pouco, como todas nós. Na verdade, se você está lendo este livro e tentando melhorar, buscando mais felicidade, eu diria que você é absolutamente incrível!

Fique de olho em quem está ao seu redor

Este exercício consiste em fazer um inventário das pessoas com quem você convive. Em um pedaço de papel, ou em seu diário, anote esses nomes e, após pensar um pouco, escreva como você se sente com relação a essas pessoas. Você pode ter ouvido que tem controle total sobre o que sente, e se alguém fala algo que a deixa mal, a culpa é *sua,* não do outro. Às vezes, isso é verdade, mas há algumas pessoas que pura e simplesmente não fazem você se sentir bem. Talvez um dos seus pais seja excessivamente crítico, ou alguém no trabalho só queira competir sobre quem de vocês está pior. Ou, ainda, uma amiga a use como departamento de reclamações e sempre a deixe mal após interagir com ela.

Todas essas situações podem contribuir para uma sensação geral de infelicidade, que pode derrubar sua autoestima e fazê-la se sentir uma fraude.

"EU SOU UMA FRAUDE"

A energia ao seu redor pode afetá-la imensamente. Quando você se cerca de energia negativa, precisa enfrentar uma imensa batalha ladeira acima para se sentir bem. Na mesma folha de papel, responda a estas perguntas sobre o seu ambiente:

- Em que casos você pode pegar mais leve consigo mesma?
- Em que situações você precisa estabelecer limites?
- E em quais delas você precisa passar menos tempo com determinadas pessoas?

Escreva tudo isso e ponha em prática o que for melhor para você.

Avalie as expectativas e realizações

Em algum lugar pelo caminho você definiu expectativas para si e talvez nem tenha consciência delas (falo mais sobre isso no Capítulo 8), e por isso não aceita todo o crédito por suas conquistas. Estes exercícios vão ajudá-la nisso. Fique à vontade para escrevê-los em seu diário, se desejar:

1. Faça a si mesma a pergunta: *quais são as minhas expectativas?* Escreva ou faça uma lista do que você espera de si em diversas áreas da sua vida, e seja totalmente honesta consigo mesma. Quando terminar, leia tudo. É provável que tenha definido expectativas impossíveis de serem alcançadas. Talvez você veja o que outras pessoas com mais tempo, experiência ou treinamento estão fazendo e sinta que precisa estar no mesmo nível, ou pode ser que simplesmente tenha criado uma história sobre quem você deve ser e o que precisa fazer com base, apenas, em seus próprios padrões inventados. Se por algum milagre você chega lá (quase se matando ao longo do caminho), em vez de se elogiar você se recrimina porque poderia ter feito melhor ou segue em frente tão depressa que nunca reduz o ritmo para se parabenizar.

Como a expectativa está no alto, é claro que você não vai chegar lá. Por isso, não surpreende que se sinta deslocada e tenha medo de ser desmascarada. Com expectativas tão altas, a vitória é impossível. Você está sempre se preparando para perder.

Você pode estar pensando: "Se eu tiver expectativas mais baixas, sou uma frouxa. Os padrões baixos são para perdedores preguiçosos."

Amiga, calma. A balança não tem que pender totalmente para o outro lado. Você não precisa jogar tudo para o alto, gritar "foda-se" e desistir. O meio-termo *é possível*.

2. Em seguida, seja clara ao dizer por que se sente uma fraude. Na mesma folha de papel, termine a frase: *Eu me sinto uma fraude porque...*

    Pode ser por você acreditar que não tem experiência ou qualificações suficientes. Ou por ser nova no emprego, na faculdade etc. Ou, talvez, você simplesmente termine a frase com *porque não sou boa o bastante*.

    Diminuir as expectativas significa entender que fazer uma graduação em vez de um mestrado é suficiente. Ou que você *é* boa o bastante mesmo sendo a única mulher do departamento. Ou que você *não* precisa perder 5 quilos para que seus amigos gostem de você como dizem. Desafiar as expectativas excessivamente altas exige consciência do que você está criando em sua cabeça para mudar essas crenças. Há uma boa chance de você não acreditar que os novos padrões sejam bons, mas *você está tentando*.

3. Você se lembra do Capítulo 4, no qual falei para que você tivesse intimidade com suas conquistas? Se ainda não fez isso, faça agora. Volte e leia aquela seção. Eu espero.

Eis o que provavelmente vai acontecer. Se você fizer a lista, poderá ler e pensar: "Bom, eu só entrei na faculdade porque dei sorte no vestibular." Ou: "Eu pari gêmeos, mas centenas de milhares de outras mulheres também tiveram." Quando sentir a tentação de

"EU SOU UMA FRAUDE"

inventar uma desculpa para ter conquistado algo baseado em sorte, acaso ou alguma coisa além da sua própria experiência, habilidade ou esforço, quero que termine as frases assim:

Entrei na faculdade porque era qualificada.

Fui promovida porque era a mais experiente e inteligente no departamento.

Eu pari gêmeos porque sou foda pra caralho.

A síndrome da impostora tem a capacidade de mantê-la trancada em uma versão reduzida de si mesma. Você foi feita para algo maior e melhor. Foi feita para abandonar as crenças antigas e ultrapassadas que dizem que é ruim confiar em sua força. Tais crenças são apenas isso: crenças. Histórias inventadas em sua cabeça. Isso já era! Eu a convido a reconhecer essas crenças, admitir que não servem mais para você e abandoná-las.

Faça a si mesma as perguntas difíceis:

- Se você tem a síndrome da impostora, quais são seus pensamentos secretos em relação a isso? Em outras palavras: o que exatamente sua crítica interior diz sobre você ser uma fraude.

- De onde você acredita que veio essa sensação de ser uma impostora?

- Você está definindo expectativas altas demais para si? Se for o caso, em que áreas poderia pegar mais leve?

- Em que casos você pode reconhecer suas conquistas? Há algo que esteja deixando de lado e que talvez possa até se orgulhar de ter feito?

CAPÍTULO 7

Jogar para a plateia: o esforço para agradar e a busca por aprovação

Se você concordar, eu vou seguir em frente e falar sobre agradar as pessoas. Ou você preferia que eu falasse de outro assunto? Desculpe, tudo bem. Vou reorganizar tudo aqui...

Vocês viram o que acabei de fazer?

Pessoas que gostam de agradar os outros geralmente são *muito* legais. Elas querem a felicidade de todos, por isso tendem a correr por aí fazendo tudo para todos, tecendo planos, prestando favores, basicamente, jogando nas 11 sempre que possível. Um dos maiores hábitos de quem gosta de agradar é dizer sim quando preferia dizer não. Essas pessoas têm medo de serem julgadas, rejeitadas e de que ninguém goste delas.

O surpreendente (embora verdadeiro) é que a maioria das pessoas que gosta de agradar preferiria mentir a falar o que realmente sente. Uma vez que o outro conseguiu o que deseja e está feliz, a pessoa que gosta de agradar fez seu trabalho.

Talvez você esteja naquele ponto da vida em que se recusa a fazer de tudo por quem não merece, e a ideia de bajular alguém lhe dê ânsia de vômito. Você pode não se identificar como uma típica pessoa que gosta de agradar, tudo bem. Contudo, o que descobri ao conversar e ajudar muitas mulheres ao longo dos anos é que muitas vezes, elas buscavam a aprovação alheia mesmo sem perceber.

COMO PARAR DE SE SENTIR UMA M✱RDA

Em outras palavras, nem todo mundo que busca aprovação quer agradar os outros, mas a maioria das pessoas que quer agradar os outros busca aprovação. Eu coloquei "querer agradar os outros" junto a "buscar aprovação" porque essas atitudes, frequentemente, se sobrepõem. Porém, antes de você descartar este capítulo, por achar que não tenta agradar os outros, continue lendo.

A busca pela aprovação é assim: tudo o que você faz é medido pelo olhar do outro. Mesmo sem ninguém ver ou se importar, quem busca aprovação se preocupa constantemente com o que os outros vão pensar. A confiança, a autoestima e até o humor dessas pessoas são determinados pelo que elas acreditam que os outros acham delas. Na maior parte do tempo, elas não *sabem* de fato o que os outros pensam, então, precisam imaginar. Elas vivem em um constante estado de incerteza, o que nos leva ao comportamento de agradar os outros. Porque, se quem busca aprovação puder fazer algo para deixar os outros felizes (como dizer sim o tempo todo), é praticamente certo que irá fazê-lo. Alicia, analista financeira de 29 anos, explica: "Busco a aprovação alheia em todas as áreas da minha vida. Levo tudo para o lado pessoal e me vejo constantemente magoada por não ser tão perfeita aos olhos dos outros, e, consequentemente, aos meus. Quero sentir orgulho de mim mesma e de minhas conquistas, independentemente do que os outros vão pensar ou comentar, mas não consigo."

DE ONDE VEM ISSO?

Se você é como a maioria das mulheres que cresceu neste mundo, aprendeu desde cedo a "ser uma boa menina". Como mãe, posso confirmar que ninguém cria os filhos para serem babacas, então, obviamente, desejamos que nossos filhos sejam amigáveis e gentis com as pessoas. Mas desde a mais tenra infância a maioria de nós é ensinada a não expressar opiniões em voz alta demais, não deixar ninguém desconfortável e garantir que as pessoas de quem gostamos estejam felizes. Tudo para garantir que somos queridas, para agradar os outros e obter a aprovação deles.

Algumas mulheres conseguem definir com precisão o início desses comportamentos. Elas sentiam que suas atitudes na infância determinavam a felicidade dos pais. Jessica, de 34 anos e mãe de dois filhos, diz:

> Cresci tentando atender às altas expectativas de minha mãe. Eu tentava, tentava... E de vez em quando ia bem o bastante para obter a aprovação dela. Ainda telefono para ela diariamente e conto como foi o meu dia, esperando ouvir que fiz um bom trabalho ou tomei a decisão certa. As decisões atuais em minha vida incluem um novo emprego, que veio com uma imensa queda salarial. Minha mãe chegou a dizer que se eu não ganhasse mais dinheiro que ela, eu não seria mais a "maior conquista" dela.

Seus pais ou tutores na infância talvez estivessem falando sério quando definiram as expectativas que tinham para você, ou talvez tenham brincado sobre isso e feito comentários sutis. De qualquer modo, você pode olhar para trás e ver onde surgiu essa tendência para agradar os outros e/ou buscar aprovação. Não para poder apontar o dedo e pôr a culpa em alguém, e sim para ver o padrão, as crenças criadas com isso e mudar a ideia de ter que agradar a todos para ser querida, amada e aceita.

COMO RESOLVER ISSO?

Mesmo se agradar as pessoas e buscar aprovação sejam comportamentos que você vem aperfeiçoando a vida inteira, não há motivo para continuar com eles. Você, pessoa incrível que está lendo este livro, é uma mulher inteligente e capaz. Sei que você consegue criar novos hábitos que honrem sua felicidade. Vamos começar, então?

O sentimento é deles, não seu

No livro *52 Ways to Live a Kick-Ass Life*, eu ensinei quem gosta de agradar os outros a dizer "não" e quero abordar agora o maior problema emocional da maioria das pessoas quando se trata de dizer não. Muitas mulheres evitam dizer não por medo do que as pessoas vão pensar. A outra pessoa vai ficar com raiva? Magoada? Não vai mais gostar de você? Vai achá-la difícil de lidar? Tantas ideias assustadoras podem passar pela sua cabeça ao pensar em dizer não que você prefere dizer sim apenas para evitar o "e se?".

A solução está em algo que minha terapeuta precisou dizer 1.473 vezes: você não é responsável pelos sentimentos alheios. Desde que tenha orgulho do seu próprio comportamento, os sentimentos são deles e, no fim das contas, você não tem controle algum sobre o que os outros sentem.

Você não é responsável pelos sentimentos alheios.

Eu continuo não querendo aborrecer ninguém. Cara leitora, não quero aborrecer *você*, e é muito provável que a gente nunca tenha se visto. Quero que as pessoas de quem eu mais gosto gostem de mim, sejam felizes e não fiquem com raiva por algo que fiz. Então entendo como você se sente, mas ao trabalhar minhas questões, encontrei muita liberdade, paz e força ao deixar de me responsabilizar pelos sentimentos alheios.

Obter toda essa liberdade, paz e força está absolutamente seu alcance. Por exemplo, minha amiga Amy cresceu em um lar cristão recém-convertido e muito conservador. Os pais dela eram missionários, e a infância de Amy girou em torno da religião. Quando ela cresceu e passou a questionar as crenças da família, não foi bem-recebida. Amy teve muito trabalho para se convencer de que não precisava da aprovação dos pais para seu novo sistema de crenças.

JOGAR PARA A PLATEIA

Um dia a mãe de Amy deixou clara a decepção por ela ter mudado suas crenças religiosas. A mãe provavelmente estava decepcionada porque era importante para ela ter as mesmas crenças que a filha. Ela pode ter pensado que havia falhado como mãe de alguma forma e talvez estivesse vivendo um luto. Mas, quer saber? Embora os sentimentos da mãe sejam válidos, eles não têm *nada* a ver com Amy, pois pertencem à mãe dela. Que Amy continuasse a seguir a religião em que foi criada era o desejo e sonho da mãe. Se Amy quisesse assumir responsabilidade pelos sentimentos da mãe, poderia fingir que ainda tinha as crenças com as quais fora criada e talvez ir à igreja com a mãe. *Isso* seria agradar os outros e buscar aprovação.

Um dia, após ouvir a mãe dizendo o quão decepcionada se sentia, Amy respondeu: "Mãe, eu não preciso que você aprove minhas crenças espirituais ou me aprove, porque *eu* me aprovo."

Os sentimentos da mãe podem muito bem ter sido magoados quando Amy disse que não precisava da aprovação dela. Porém, Amy não gritou, não fez com que a mãe se sentisse "errada" por ainda ter as mesmas crenças, nem mudou de assunto para evitar o tema. Amy se comportou com elegância e carinho para defender suas crenças. Em outras palavras, ela não é nem nunca foi responsável pelos sentimentos da mãe. Amy diz:

> Como pessoa que gosta de agradar os outros em processo de recuperação, agora consigo ver imediatamente quando estou me sentindo culpada, e não digo mais sim movida por culpa ou obrigação. Consigo ver minha responsabilidade em cada situação e fazer escolhas importantes, mesmo se minha mãe ou qualquer outra pessoa desaprovar. Embora nunca seja divertido discordar de alguém, a sensação pessoal de orgulho e confiança faz tudo isso valer a pena. A mensagem subconsciente para mim é que o eu quero, o que sinto e no que acredito, importam.

Sim, você pode pensar que *jamais* faria o mesmo que Amy e nunca diria isso para sua mãe ou para qualquer pessoa. E pode acreditar: Amy levou muito tempo para se aceitar e ter coragem para dizer à mãe como se sentia. Ela levou anos para chegar lá, e sabia exatamente o que iria dizer quando o assunto inevitavelmente surgisse. Se você não consegue fazer exatamente o que Amy fez, pode tentar de outra maneira. Recomendo que vá com calma, pois sua felicidade depende disso. As perguntas do diário no fim deste capítulo são ótimo ponto de partida.

Não leve tudo para o lado pessoal

Eu descobri que as pessoas que gostam de agradar e buscam a aprovação alheia tendem a levar *tudo* para o lado pessoal. Um olhar estranho de outra mãe na reunião da escola, um comentário passivo-agressivo do cônjuge, um pequeno feedback do chefe, e elas começam a se perguntar: *Ela está com raiva de mim? Será que ela me odeia? O que foi que eu fiz?* E você já deve ter ouvido esse conselho antes. Talvez tenha visto alguns memes fofos no Pinterest e entrado em uma batalha com o objetivo de não levar tudo para o lado pessoal. Parece ótimo, não é? Ufa! Agora ficou fácil parar de agradar os outros e buscar a aprovação alheia, certo?

O que esses memes dizem é que, se você levar as palavras e ações alheias para o lado pessoal, é fácil cair no papel de vítima, passar a vida buscando a aprovação alheia e achando que tudo gira ao seu redor, quando não é o caso.

Contudo, às vezes, as pessoas ouvem esse conselho como se fosse 8 ou 80. A opção 1 é não levar nada para o lado pessoal, deixar tudo passar tranquilamente e sentir-se ótima consigo mesma. A opção 2 é levar tudo para o lado pessoal e viver neste mundo infernal e maldito no qual somos vítimas e reféns dos outros. Sim, essa foi uma explicação exagerada, mas, às vezes, a autoajuda pode deixar as pessoas com a sensação do tipo ESTOU FAZENDO TUDO ERRADO.

Quando ouvimos conselhos como "Não leve tudo para o lado pessoal" e *levamos* tudo para o lado pessoal (porque somos seres

JOGAR PARA A PLATEIA

humanos com cérebros capazes de inventar histórias rapidamente, *é a ciência que diz*), sentimos que estamos fazendo tudo errado e nos culpamos. Não digo que 100 por cento da responsabilidade precise ser colocada no outro, mas analisar a situação desse ponto de vista, "ou tudo ou nada", pode levar à sensação de culpa.

Esse conselho também reforça a seguinte ideia: quando alguém a magoa, o sofrimento não foi causado pelas palavras alheias, e sim sua ferida preexistente, que foi mexida e doeu. Isso tem seu mérito. Eu realmente considero importante que as pessoas conheçam os próprios gatilhos, até para saber se a merda é delas ou não (dica: em geral, a merda é nossa). Mas quero esclarecer que esse conselho não representa uma permissão para que os outros possam dizer e fazer o que quiserem e você se culpar por ter "velhas feridas que foram reabertas".

O ideal seria não levar *nada* para o lado pessoal e não se importar o que alguém disse ou fez que ativou seus gatilhos. Alguém nos insulta ou apenas está sendo babaca? Então, é só pensar: "Hum, que babaca! Isso não tem nada a ver comigo. Vou seguir a vida, manter meu sorriso e não pensar mais nisso."

Só que ninguém vive nesse mundo ideal. Se vive, está usando drogas excelentes.

Falando sério, eu realmente penso que algumas pessoas conseguem fazer isso. São indivíduos profundamente espiritualizados e conectados ao próprio desapego, que vivem e respiram em função do aperfeiçoamento pessoal, e o praticam de modo consistente. Contudo, sei que muitas de vocês que estão lendo isso provavelmente lutam para abrir mão desses apegos com frequência, então vou explicar com detalhes como esse conceito pode ajudá-las.

Don Miguel Ruiz, autor de *Os quatro compromissos — Um guia prático para a liberdade pessoal*, escreve longamente sobre o conceito de não levar tudo para o lado pessoal: "Levamos tudo para o lado pessoal por uma questão de hábito. Abandonar esse hábito não significa que você não vai reagir ou agir, e sim que terá clareza ao fazê-lo, sabendo exatamente o que deseja. Quando você leva tudo para o lado pessoal, faz o que não quer e diz o que não quer, pois está sendo controlado pelas emoções. Quando você tem clareza, tomar decisões fica mais fácil."

Eu amo essa explicação. Quero acrescentar que nós *vamos* levai tudo para o lado pessoal porque somos humanos e, ele está certo, é um hábito, mas não precisamos deixar que isso nos destrua. Não precisamos criar histórias a nosso respeito. Isso se relaciona com o que eu disse sobre a crítica interior no Capítulo 1. Quando levamos tudo para o lado pessoal, damos munição e "provas" a essa crítica interior.

Como pessoa que gosta de agradar os outros e/ou busca aprovação, é fundamental você se familiarizar com *suas* questões. Assim você não vai sair por aí evitando levar tudo para o lado pessoal por meio da busca da aprovação alheia e à custa da sua alma. É um círculo vicioso que você só rompe quando descobre suas questões. Por exemplo, talvez você goste que pessoas retornem imediatamente quando manda mensagem de texto, e-mail ou telefona. Se elas não fazem isso, você leva para o lado pessoal, supondo que estão com raiva, remoendo o que teria feito de errado e, no fim das contas, ficando com raiva delas. Claro que retornar o contato é socialmente recomendável, mas observe os assuntos que são mais sensíveis a você. Você tem direito à sensibilidade, e acredito que mais pessoas deveriam aceitar a própria fragilidade, mas meu objetivo, aqui, é observar o que a deixa melindrada rapidamente.

Limites para todo lado

Eu não poderia escrever sobre parar de se sentir uma merda sem falar de limites, não é? Isso costuma gerar uma mistura de confusão e terror em muita gente Talvez porque existam alguns mal-entendidos em relação a eles. Os limites têm má fama por serem algo de "gente malvada", quando na verdade as pessoas que sabem impor limites geralmente são as mais gentis e felizes do pedaço. Porém, nós mulheres tendemos a pensar que se definirmos limites as pessoas não vão gostar de nós.

JOGAR PARA A PLATEIA

Vou começar dizendo o que *não* são limites: confrontos agressivos ou discussões. Também não são ultimatos ou ameaças. Eu acreditava que para definir limites era preciso se entrincheirar, ser um pouco (ou muito) malvada, meter o dedo na cara de alguém e mostrar a todos que você não leva desaforo pra casa.

Só que limites não são nada disso. A explicação mais simples é que os limites são os pontos que você considera aceitáveis e inaceitáveis. Pense neles como regras e diretrizes para a vida. Imagino que você talvez entenda isso como deixar claro para todos que não leva mais desaforo pra casa. Contudo, o *jeito* como definir esse limite é crucial. Vou chegar lá em um minuto.

Eis um exemplo pessoal de como definir limites. Uma colega de profissão me pediu um favor, que eu já tinha feito antes. Na época, eu não me senti confortável para atendê-la, então recusei e expliquei o motivo. Da segunda vez que ela pediu o mesmo favor, meu instinto imediatamente disse não, mas a cabeça pensou: "Se eu negar de novo, ela vai achar que sou insuportável." Havia vários motivos lógicos para eu dizer não, sendo o mais importante deles o meu instinto. Além disso, fiz uma autoanálise: eu estava sendo hipócrita? Não. Estava sendo preguiçosa? Não. Apenas tinha a forte sensação de que não me sentiria bem fazendo o tal favor.

Quando sentei diante do computador para enviar a resposta, pensei nas desculpas que poderia inventar de modo a garantir que ela não ficasse magoada (mentiras, basicamente) quando eu me recusasse. Queria deixá-la confortável, garantir que ainda gostaria de mim, não fechar uma porta e por aí vai.

Contudo, apenas respondi o e-mail dela e disse não. Sem explicações. Isso não foi nada fácil. Na verdade, eu diria que foi algo *revolucionário* para mim.

Para minha surpresa, ela escreveu em seguida perguntando o motivo da minha recusa. Tive a sensação de que aquela mulher não estava acostumada a ouvir um não, e isso a levou a questionar por que eu não havia feito o tal favor. (Tenha em mente que nós não éramos o que eu poderia chamar de amigas. Nós tivemos apenas uma conversa sobre trabalho e trocamos alguns e-mails.)

COMO PARAR DE SE SENTIR UMA M✳RDA

Quando ela me pediu explicações, eu me vi diante de quatro escolhas:

1. Responder com a verdade. Isso provavelmente a magoaria, e no fundo do meu coração eu não queria nem precisava fazê-lo.
2. Responder com mentiras. Eu poderia inventar algo sobre os meus motivos para dizer não, a fim de proteger o ego dela.
3. Manter a postura de que não preciso me explicar. Eu não devia nada a ela. Um não pode simplesmente ser um não.
4. Recuar, mudar de ideia e fazer o favor, só para não ter que explicar e também para deixá-la feliz e confortável. Contudo, isso iria contra minha intuição e eu, provavelmente, ficaria me recriminando depois.

Escolhi a opção 3: manter a postura de que não preciso me explicar. Não foi fácil. Todas as opções eram desconfortáveis, mas definir limites é ser capaz de dizer não e fazer com que ele seja simplesmente um não. Sem precisar explicar nem se responsabilizar pelos sentimentos alheios. Ainda que a pessoa fique com raiva por não atendermos ao seu pedido, irritada por não darmos um motivo para isso ou chocada pela nossa falta de disposição em deixá-la feliz. Estabelecer limites significa não ser responsável pelo conforto alheio.

Definir limites é ser capaz de dizer não e fazer
com que ele seja simplesmente um não.

E se você ouvir um "O que você quer dizer com NÃO?", basta dizer: "É só um não."

Vou deixar claro: eu não espero que você diga isso e saia por aí saltitante pelo resto do dia, sentindo-se maravilhosa. Dizer não vai ser desconfortável. Exige muita prática e esforço, e gera aquela sensação, às vezes dolorosa e angustiante, causada por algo que você não está acostumada a fazer.

Gostaria de esclarecer o seguinte. Muitas vezes as pessoas esperam a situação deteriorar demais e, cansadas de fazer as vontades alheias, acabam explodindo, gritando e fazendo exigências. Isso não ajuda em nada. Ninguém quer ouvir e ceder quando está sendo atacado. Os limites saudáveis são bem pensados e definidos de modo gentil.

> Ninguém quer ouvir e ceder quando está sendo atacado. Os limites saudáveis são bem pensados e definidos de modo gentil.

Perdi a conta de quantas conversas (tanto no âmbito pessoal quanto no profissional) eu tive com gente que tem raiva de alguém por algo que a pessoa fez, e pergunto: "Você disse a ela para não fazer mais isso?" Após uma longa pausa, elas respondem: "Não. Acho que simplesmente não consigo ter essa conversa." Então elas alegam que sabem exatamente como vai ser (péssimo), por isso não vale a pena. Culpa, culpa, culpa, desculpas, blá-blá-blá.

Em primeiro lugar, os outros não vão mudar de atitude se não souberem que estão fazendo algo que a incomoda. Aquele negócio de leitura de mentes *ainda* não existe, então precisamos ter essas conversas difíceis, porém necessárias. Segundo: você não tem permissão para ficar com raiva de alguém por fazer algo que a desagrada se você *nunca* disse à pessoa que aquilo a chateia. Por favor, não responda com "Ela tinha que saber, ora", porque, como eu já disse, a leitura de mentes não existe. O que você acharia se alguém dissesse que você simplesmente *deveria saber* o que o outro deseja?

Quem gosta de agradar e busca a aprovação alheia tende a não definir limites, por vários motivos, incluindo não querer parecer "chata" ou "na defensiva". Elas preferem continuar se sentindo desconfortáveis e, às vezes, irritadas, ressentidas e magoadas do que começar uma conversa difícil. Algumas vezes, lá no fundo, elas acham que suas necessidades e seus desejos merecem ser verbalizados.

Vamos tirar algo do caminho agora. O que você quer e precisa em sua vida é tão importante quanto o que qualquer pessoa quer. Ponto. Você é importante. Estabelecer limites apenas enfatiza isso. Além de importantes, os limites são *necessários*, para construir relacionamentos saudáveis, embasar sua autoconfiança, honrar quem você é e garantir sua felicidade. Porque nós sabemos que agradar as pessoas e buscar aprovação não representam o que há de melhor em você.

Como estabelecer limites

Então, *como* de fato ter essas conversas? Por onde começar? Vou explicar o processo com um exemplo. Digamos que sua chefe é famosa por repassar projetos sem lhe dar tempo suficiente para terminá-los. Você sempre consegue, mas precisa ficar até tarde na empresa e levar trabalho para casa nos fins de semana. Ela continua passando esses projetos, porque você sempre os realiza sem reclamar. Mas você se sente cada vez mais ressentida e irritada, reclama o tempo todo com seu cônjuge e odeia ter que levantar para trabalhar toda manhã por causa disso.

Etapa 1: A conversa com sua chefe pode e deve começar com gratidão. Diga o quanto você é grata por ela confiar em você para concluir esses projetos em prazos tão curtos e o quanto fica honrada por ela se sentir confortável a ponto de delegar essas tarefas. Não é questão de puxar saco ou manipular, e sim de iniciar a conversa de um jeito gentil e carinhoso. Assim, qualquer receptor tem maior probabilidade de se sentir confortável e ouvir.

Etapa 2: Fale sobre como você se sente. Deixe claro, para ela, como a carga de trabalho excessiva está afetando negativamente sua vida.

Etapa 3: Peça o que precisa. Proponha o que você quer da sua chefe e seja direta. Não diga: "Gostaria que você pegasse leve nos projetos passados para mim." Isso não ajuda. Diga *exatamente* a mudança que deseja. "Quando você me passa um projeto grande, preciso de pelo menos duas semanas em vez de uma, além de 20 horas de trabalho da Karen para me ajudar. É possível?"

Esteja aberta a negociações, mas tenha cuidado. Como alguém que gosta de agradar e busca a aprovação alheia, você pode relaxar seus limites. Pode ser que haja espaço para negociação, dependendo do assunto, mas fique atenta à sua intuição quanto a isso.

Esse exemplo é bastante genérico. Se você tiver uma relação razoavelmente boa com a chefe, a conversa pode ser muito mais fácil do que falar com alguém com quem você tem um relacionamento pessoal. E se um dos seus pais, seu cônjuge ou uma amiga, alguém com quem você tem uma relação mais emocional e próxima, estiver testando seus limites? A conversa pode ser assim:

1. Comece afirmando algo ótimo sobre você/vocês.
2. Diga o que a está incomodando ou o que você não gosta, e como isso a afeta.
3. Diga o que não vai tolerar mais (seja bem específica em relação a isso).
4. Indique a mudança que gostaria de ver na outra pessoa em relação à situação (de novo, seja bem específica).
5. Diga o que vai acontecer se o limite for ultrapassado.

Uma das partes mais difíceis de estabelecer limites (ou de ter qualquer conversa complicada, aliás), é não estar ligada ao resultado. Seria ótimo se a pessoa com quem você está definindo seus limites dissesse: "Ah, meu Deus! Desculpe por estar aborrecendo você com meu comportamento. Vou mudar sim, claro, sem problemas. Obrigada por me avisar. Fico feliz que tivemos esta conversa. Vamos nos abraçar!"

O resultado nem sempre é esse, claro. Justamente por isso não gostamos dessas conversas. Mas preciso reconhecer que você *se de-*

fendeu e disse o que desejava. VOCÊ, que ama agradar e buscar a aprovação alheia, disse a alguém como se sente e pediu uma mudança. Um viva para você! A reação alheia não é problema seu. Caso a pessoa retruque, diga não ou seja babaca no geral, espere sua crítica interior dizer que você nunca deveria ter falado com ela, que você não presta ou qualquer besteirada do tipo. É exatamente o motivo pelo qual recomendo que você se prepare com antecedência para a conversa e saiba exatamente o que está pedindo. Assim, poderá agir de modo confiante. Se você sentir orgulho por expressar seus sentimentos, desejos e necessidades com clareza, *esta* é sua vitória, independentemente do resultado.

No fim da vida, você não vai dizer: "Estou muito contente por ter agradado todo mundo, aceitado tudo o que eu não desejava fazer e me preocupado com o que os outros iriam pensar a meu respeito." Agradar as pessoas e buscar a aprovação alheia não a deixam mais feliz. Esta é a SUA vida. Não tem como repetir, é uma só!

Faça a si mesma as perguntas difíceis:

- Se você busca aprovação e/ou gosta de agradar os outros, por que acha que faz isso?

- O que você tem medo que possa acontecer se parar de agradar os outros ou de buscar aprovação?

- Em que situações ou com quais pessoas você sente que é responsável pelos sentimentos alheios?

- Você sente que leva tudo para o lado pessoal? Como pode evitar isso?

- Que limites você precisa estabelecer? (Faça uma lista.) Sobre quais desses limites você está disposta a ter uma conversa?

CAPÍTULO 8

Refém do perfeccionismo:
o ápice da autodestruição

> "Então essas garotas perfeitas ainda acreditam que precisam perder mais 5 quilos... Somos as garotas com transtornos de ansiedade, agendas cheias, planos para daqui a cinco anos [...]. Temos orgulho de dormir o mínimo possível. Bebemos muito café [...]. Somos as filhas das feministas que disseram 'Você pode ser tudo o que quiser', mas nós ouvimos 'Você tem que ser tudo'."
>
> — *PERFECT GIRLS, STARVING DAUGHTERS*,
> **DE COURTNEY E. MARTIN**

O perfeccionismo é outro hábito que as mulheres tendem a usar como se fosse uma medalha de honra. No universo delas, lutar pela perfeição é o mesmo que lutar pelo sucesso, a excelência e o aperfeiçoamento pessoal. Para essas mulheres, não há outra opção.

Vou ser bem franca: o perfeccionismo pode destruí-la. Sim, estou sendo dramática, mas o perfeccionismo é um dos hábitos mais comuns que a impedem de ter uma vida maravilhosa, então, vamos falar mais sobre ele.

COMO PARAR DE SE SENTIR UMA M✱RDA

A sedutora e tentadora promessa feita pela perfeição é a se‑guinte: se nós tivermos a aparência e o comportamento perfeitos, conseguiremos evitar a dor da rejeição e da inferioridade, fugindo de uma das sensações mais dolorosas que existem: a vergonha. Na Introdução deste livro expliquei que, embora a maioria das mulheres que conheço não ande por aí se sentindo envergonha‑das, as escolhas feitas por elas, todos os dias, são controladas pela vergonha. O perfeccionismo é um desses hábitos desconcertantes que permite à vergonha assumir o controle, comandando nosso comportamento e, no fim das contas, fazendo com que a gente se sinta uma merda.

As mulheres que conheço que têm uma relação próxima com o perfeccionismo parecem ser as que vivem com mais medo, mas elas enganam todo mundo, e você nunca saberia disso. Sendo perfeccionista crônica, posso dizer que houve momentos em minha vida em que eu teria preferido morrer a deixar as pessoas verem todas as minhas falhas e imperfeições. Eu estava convencida de que a forma como as pessoas me viam era a me‑dida máxima de quem eu era como pessoa, e se minha existência valia a pena ou não.

Quando eu tinha 14 anos e estava no primeiro ano do ensino médio, decidi me candidatar à equipe de tênis. Eu nunca tinha jogado em uma equipe da escola antes (a menos que você conte o clube de boliche na sétima série), mas essa parecia uma escolha óbvia, visto que eu praticamente cresci na quadra de tênis. Desde os 3 anos eu fazia aulas ou meu pai me ensinava a jogar. Ao longo de toda a minha infância, eu vivi e respirei tênis.

Era um dia quente de verão quando meu pai me deixou no local onde seria a seleção. Enquanto apertava minha raquete, completa‑mente nervosa, eu via pela grade as outras garotas jogando. Algu‑mas jogadoras estavam no meu nível, mas eu não me concentrei nelas por mais de um segundo. Vi apenas as jogadoras melhores que eu, e fui tomada por pensamentos como: *E se eu perder? E se eu falhar na frente de todos? O que meus pais vão pensar? O que todos vão pensar?*

Paralisada pelo medo e pela ansiedade, eu não consegui abrir o portão e me juntar a elas. Após vários minutos de pânico, dei meia-volta, encontrei um telefone público e liguei para o meu pai para que me buscasse. Eu abandonei o tênis naquele dia e levei 20 anos para voltar a uma quadra.

Ter largado tudo naquele dia é um dos meus maiores arrependimentos. Pode não parecer importante, mas o tênis era minha casa. Eu deixei o perfeccionismo, o medo de falhar e do que os outros iam pensar ditarem uma decisão imensa, da qual me arrependi depois. Naquele dia, escolhi deixar tudo de lado para não correr o risco de fazer algo que não fosse perfeito.

DE ONDE VEM ISSO?

Algumas mulheres cresceram em famílias nas quais o perfeccionismo imperava, como Rane:

> Em minha casa, o perfeccionismo era a norma. Eu tinha uma avó que limpava os carpetes e não tínhamos permissão para pisar neles depois. Minha mãe seguiu o estilo de casa perfeita. Notas 10 eram esperadas de mim, e qualquer coisa menor que isso era uma decepção para meu pai. Eu me esforcei muito, e me formei adiantada no ensino médio, começando a faculdade um mês depois de ter feito 17 anos.
>
> Como adulta, sinto que minha casa precisa ser perfeita para receber hóspedes. Eu me vejo recusando visitas ou fazendo uma limpeza furiosa e desesperada antes de concordar com o pedido do meu filho [de convidar os amiguinhos].

É óbvio que Rane recebeu o perfeccionismo de herança. Em famílias como a dela, a mensagem é clara: se você não for perfeita, significa que não é boa o bastante, e nós não a aceitamos. A média ou algo abaixo disso é inaceitável. Mas talvez sua família seja diferente. Talvez você nunca tenha sentido que recebeu o amor e a

COMO PARAR DE SE SENTIR UMA M✱RDA

atenção de que precisava, então o perfeccionismo veio da necessidade de aprovação dos outros. A crença de que *se eu for perfeita, as pessoas vão me amar e me aceitar.*

Ou talvez você tenha um irmão, ou irmã, que era o xodó da família, e você sentia que nunca poderia ser tão boa quanto ele, ou ela. Consequentemente, até hoje você tenta se nivelar a algo que não existe.

Eu não vim de uma família de pessoas com muitas conquistas. Meus pais eram felizes. Eu queria fazer parte da equipe de tênis, mas eles não me forçaram a isso. Fui uma estudante mediana e nunca me senti pressionada a só tirar nota 10. Contudo, olhando para trás, acredito que fui vítima da cultura norte-americana. Eu cresci nos anos 1980, quando a ginástica aeróbica estourou com força total, as mulheres iam trabalhar combinando terno com tênis e a MTV ensinou tudo que eu precisava saber. A perfeição era intoxicante, e eu virei refém dela.

Mais uma vez: investigar em que ponto o seu perfeccionismo começou até o dia de hoje pode ser útil para mudar suas crenças e lançar luz sobre algumas questões que você pode estar arrastando por aí sem saber. Lembre-se: você sempre tem a capacidade de mudar velhas crenças, hábitos e padrões.

Sem espaço para a preguiça

O que eu ouço repetidamente de mulheres que lidam com o perfeccionismo é que, se elas o abandonarem, vão virar preguiçosas. Parar de buscar a perfeição significa jogar as mãos para o alto, dizer "Foda-se!" e deixar de cuidar da aparência, do trabalho, dos filhos, de tudo. Elas estão tão acostumadas a lutar pela perfeição que qualquer resultado diferente é uma atrocidade, um insulto às mulheres de todo o mundo. A crença é: "Ou eu busco a perfeição ou eu sou preguiçosa." Ah, que horror!

Moças, não precisa ser assim. Você ainda pode visar a grandeza e até a excelência, sem visar a perfeição. Brené Brown, autora de *A arte da imperfeição*, explica a diferença, dizendo que ao buscar a grandeza o foco está em você (*Como posso melhorar?*), enquanto ao buscar o perfeccionismo ele se concentra nos outros (*O que eles vão pensar?*).

Em outras palavras, ninguém está pedindo para você jogar fora sua lista de tarefas, largar seu emprego e morar no porão da casa dos seus pais. Você ainda pode ser ótima em tudo o que faz, mas quero deixar a pergunta: para quem está fazendo tudo isso? É para você? Se for, no fim das contas você pode ter orgulho de ter dado a cara a tapa e feito tudo. Ou é para os outros? Se for, você pode impressioná-los e fazer com que eles gostem de você e a aprovem para evitar qualquer possibilidade de crítica, rejeição, culpa e, na raiz de tudo isso, vergonha.

Vê a diferença?

Eu não acho que exista uma linha clara aqui. Mesmo as "melhores" viciadas em desenvolvimento pessoal caem na armadilha de fazer algo em nome do perfeccionismo de vez em quando, especialmente quando estão se sentindo um pouco vulneráveis (o que acontece com frequência). Quem pensa em termos dicotômicos, do tipo "8 ou 80", precisa ter cuidado ao enfrentar o perfeccionismo, pois pode acabar achando que precisa ser perfeita na luta contra o perfeccionismo!

COMO RESOLVER ISSO?

Se você está pronta para sair das garras do perfeccionismo, arregace as mangas e vamos trabalhar. Você ainda pode ser incrível ao abrir mão de ser perfeita. As ferramentas a seguir vão ajudá-la nisso.

Aprenda a lidar com as críticas

Para alguém que luta com o perfeccionismo, receber um feedback pode dar a sensação de ser crucificada, especialmente quando é um feedback negativo. As perfeccionistas tendem a reagir de maneira

COMO PARAR DE SE SENTIR UMA M✳RDA

defensiva às críticas, e a partir daí é ladeira abaixo. Entendo que algumas críticas não são bem dadas (algumas pessoas são babacas), mas as perfeccionistas tendem a permitir que as críticas tomem o dia inteiro delas, ou até mais. Pergunte a si mesma: você deixa a crítica sobre um aspecto seu gerar uma crença sobre toda a sua pessoa? Por exemplo, se a sua chefe pede para mudar algo no seu jeito de trabalhar, você diz a si mesma que é burra? Ou passa semanas achando que sua chefe é o diabo?

Aqui está um processo a se seguir quando a crítica surgir. Em vez de entrar em um buraco e se culpar, faça a si mesma a seguinte pergunta: *quem* deu o feedback? Foi alguém importante para você? Se for um comentário online anônimo, por exemplo, pense bem nisso. Você vai permitir que a opinião de um estranho determine como se sente consigo mesma?

Se você não conseguir esquecer, questione se essa pessoa tocou em algo verdadeiro e que ameaça sua fachada de mulher perfeita. É algo que tem solução? Por exemplo: você está cometendo erros no trabalho ou na criação dos seus filhos que pode corrigir?

Além disso, se não reage bem a críticas, pergunte-se: que história você está inventando? Você pode separar os fatos daquilo que pode ser mudado? Se você cometeu um erro no trabalho e foi criticada, o único fato é o erro cometido. Mas você, provavelmente, está inventando a história de que é uma bosta, de que vai ser demitida e odiada por todos no trabalho, o que não é real, de forma alguma. A questão é: quando a crítica chegar, preste atenção, seja curiosa e tenha clareza.

Toda noite, no jantar, meu marido e eu fazemos três perguntas aos nossos filhos. Primeiro perguntamos qual foi a parte favorita do dia deles. Depois, qual parte eles *menos* gostaram, pois não queremos criar Polianas (falando em perfeccionismo...). Por fim, pedimos que citem um erro cometido por eles naquele dia. O objetivo é que saibam desde cedo que, se você não está cometendo erros, não está aprendendo lições valiosas para a vida. Que errar faz parte da natureza do ser humano e gera aprendizado; não é algo a ser evitado a todo custo.

Então eu lhe peço (independentemente de ter recebido um feedback direto ou não) para olhar seus erros diários e aprender com eles, em vez de jurar nunca mais cometer aquele erro ou se criticar eternamente.

Defina expectativas realistas

Muitas vezes eu trabalho com minhas clientes de *coaching* para definir objetivos, e elas me passam uma lista no início do nosso relacionamento profissional. Às vezes, vejo essas listas e rio do que elas inventam. Embora eu seja totalmente a favor de grandes conquistas e objetivos, elas fazem listas com objetivos para cinco pessoas. Então eu pergunto: quem fez esta lista? Foram elas ou a crítica interior? O espírito autêntico ou o "eu perfeito"? Geralmente, quando faço perguntas mais profundas, elas percebem que não fizeram a lista para si, e sim para a sensação que imaginavam obter quando todos soubessem que tinham conquistado seus objetivos.

Perfeccionistas tendem a se concentrar no resultado, além de raramente pararem para aproveitar suas conquistas. Portanto, tenho duas perguntas: seus objetivos são para você? Se ninguém se importasse ou soubesse que os atingiu, como você se sentiria? Os objetivos ainda significariam tanto para você? Alcançar o objetivo ainda daria uma sensação tão boa?

Dê permissão a si mesma

Libertar-se do perfeccionismo exige que você pratique a compaixão consigo mesma. O Capítulo 1 forneceu várias ferramentas para isso. Aqui está outra: permita-se.

Primeiro, observe as áreas em que tende a cair no perfeccionismo. Em um pedaço de papel, escreva as categorias seguintes ou outras similares que se relacionam a você e a sua vida:

Criação dos filhos
Trabalho/carreira
Relacionamentos
Alimentação/aparência física
Objetivos futuros
Casa

Depois, liste em cada seção tudo em que você pode trabalhar para se permitir pegar mais leve.

Permissão para...

Às vezes, errar como mãe.
Não exagerar tentando ser mãe/esposa/funcionária/amiga perfeita.
Deixar de ir à academia de vez em quando.
Ser gentil comigo mesma todos os dias.
Viver meus dias uma hora de cada vez.
Procurar ajuda de _____ em vez de me isolar.

Escreva essas permissões em Post-its e cole em todos os lugares nos quais possa vê-las. Use-as como lembretes em seu telefone. Agende e-mails para serem enviados a si mesma. Tatue as frases em seu rosto. Vale tudo para você ler e aceitar isso.

Você pode sentir que está se dando permissão para ser preguiçosa, mas isso é uma questão de fazer uma pausa e se permitir ser imperfeita. Seus objetivos não precisam ser 8 ou 80. Nem o desenvolvimento pessoal é dividido em certo ou errado. O objetivo é conscientização, consistência, bondade e compaixão consigo mesma. Quando você estiver praticando tudo isso, será mais feliz. Combinado?

REFÉM DO PERFECCIONISMO

O que está por trás de tudo

Vamos ser sinceras sobre o seu perfeccionismo. Eu convido você a escrever em seu diário sobre o que o perfeccionismo está lhe tirando. Por exemplo: seus filhos podem estar estressados devido à sua preocupação constante com a aparência da casa. Você pode estar à beira de ser *workaholic* ou já estar totalmente viciada no trabalho. Talvez seus relacionamentos estejam prejudicados porque você nunca se abre, por medo de parecer inadequada. Ou você pode nem sentir que o seu perfeccionismo afeta mais alguém, mas para *você* a sensação de ansiedade e inadequação é muito difícil. Após fazer sua lista, pergunte a si mesma se essa busca pela perfeição é de fato mais importante que o prejuízo causado pelo perfeccionismo em sua vida. *Isso vale a pena?*

No fim das contas, o perfeccionismo tem a ver com o que você tem medo. Eu faria um desserviço a você se não perguntasse isso: do que você *tem medo*? Escreva tudo. Pode ser neste livro, em um pedaço de papel, no espelho com batom. Não importa onde, apenas escreva. O que é tão assustador em relação às pessoas saberem que você é imperfeita? Se eu tivesse que adivinhar, diria que você tem medo de:

- cometer erros
- ser considerada burra e menos qualificada
- ser julgada em relação ao seu corpo
- ser abandonada pelo cônjuge porque você não é absolutamente incrível em tudo o que faz e tem "problemas"
- ser julgada em relação ao jeito como cria seus filhos
- não ser bem-sucedida
- fracassar na vida, isto é, não encontrar seu rumo na vida

Posso garantir que você não está indo mal na vida. E que, *sim*, há espaço para se dar uma folga, encontrar um meio-termo e navegar por essas águas. Deixar de ser refém do perfeccionismo pode fazer a crítica interior sentir que você está desistindo de tudo,

COMO PARAR DE SE SENTIR UMA M*RDA

mas na verdade será o seu passaporte para a paz, a liberdade e mais alegria.

Vamos estar todas lá esperando e guardando um lugarzinho para você.

Faça a si mesma as perguntas difíceis:

- Você consegue indicar de onde veio o seu perfeccionismo? Se sim, é possível reexaminar a origem dessas histórias e mudar alguma das crenças ali geradas?

- O que você acha que significa *não* ser perfeccionista?

- Como você pode lidar com as críticas de um jeito mais prático? Além disso, que histórias você inventa sobre si mesma quando recebe críticas ou um feedback negativo?

- Para o que você precisa se dar permissão de modo a não definir expectativas excessivamente altas para si mesma?

- Que prejuízos o perfeccionismo lhe traz?

CAPÍTULO 9

Sendo forte: a força exterior
que é só fachada

"Seja forte!", eles dizem.

Embora tenha a intenção de ajudar, o comando "Seja forte!" merece um lugarzinho todo especial no inferno. Mais precisamente, se ser forte fosse uma casa, eu gostaria de jogar um tijolo na janela da frente e botar fogo nela.

Como mulheres, a maioria de nós cresceu em uma cultura na qual ser emotiva era igual a ser histérica. Esse estereótipo é assustador para a maioria de nós, e mesmo assim não conseguimos fugir dele, pois isso significaria acumular nossas emoções e jogá-las para baixo do tapete, esperando e torcendo, com os dedos cruzados, que, ao fazer isso, elas acabem indo embora.

Vejamos a história da Tracie, por exemplo:

"Você é tão forte" são palavras que ouço desde a infância. Tive muitos problemas de saúde quando era mais nova, então, quando ouvia isso das pessoas ao meu redor, eu, subconscientemente, dizia para mim mesma: "É assim que preciso lidar com a vida, tendo a certeza de sempre mostrar que sou forte não importa o quanto a situação seja difícil."

Aqui estou eu, agora como esposa e mãe, vestindo a "armadura de forte" sempre que posso. É tudo o que sei fazer. Sinto que de alguma forma esse hábito me serviu bem quando precisei enfrentar um divórcio, descobri que fui traída pelo meu marido, fiquei sem emprego por três anos e, mais recentemente, recebi o diagnóstico de câncer. Minha capacidade de ser forte me ajudou a ser a mãe que eu precisava ser, a cuidar de mim quando necessário, mas pedir a ajuda alheia [...] ou ser vulnerável [...] não são minha praia.

"Seja forte" funciona (até não funcionar mais). Ao praticar isso, nós desenvolvemos um hábito de força enquanto aprendemos a manter as emoções bem longe. Controlar as emoções se torna nossa nova definição de ser forte.

Somos elogiadas por isso e até nos cumprimentamos quando conseguimos fazê-lo. Se eu ganhasse 1 dólar cada vez que ouvi: "Você é tão forte. Acho que não seria capaz de passar pelo que você passou", eu estaria rica. E preciso revelar algo: se eu ganhasse 1 dólar sempre que falasse isso para outra mulher, estaria ainda mais rica.

Como mulheres, nos ensinaram a dizer isso umas para as outras, para nos deixar melhor. Infelizmente, percebo que quando alguém está enfrentando algo realmente difícil, como divórcio, doença ou morte na família, nós lhe dizemos para ser forte. Como se a outra opção (leia-se: desmoronar) fosse errada.

Aqui está minha verdade:

Não penso que ser forte seja totalmente ruim. Pode ser bom, quando você precisar. Como Tracie mencionou em sua história, esse hábito foi útil quando ela enfrentou o divórcio, perdeu o emprego e foi diagnosticada com câncer. Como seres humanos, nascemos com a capacidade de recuperação, então, no fundo, ser forte é, basicamente, um hábito que escolhemos.

Contudo, aqui está minha advertência:

Quando dizemos às pessoas para serem fortes, a mensagem real é: não desmorone, não chore demais, não sucumba, não vá "longe demais" a ponto de deixar desconfortável o público da sua dor.

SENDO FORTE

Claro que é horrível ver as pessoas de quem gostamos sofrendo. Geralmente ficamos desconfortáveis ao lado de pessoas que expressam e expõem emoções difíceis.

Quero dizer o seguinte: nós gostamos de estabilidade, felicidade e positividade. Assim, em vez de correr o risco de sentir desconforto e vulnerabilidade, pedimos às pessoas para serem fortes.

E eu gostaria de desconstruir isso.

DE ONDE VEM ISSO?

Comece esclarecendo a história que você inventou sobre seus sentimentos. O que o oposto de ser forte significa para você? O que lhe foi passado, direta ou indiretamente? Seus pais mostravam emoções na sua frente? Talvez eles o fizessem e não houvesse limites para elas — por exemplo, talvez eles mostrassem irritação e raiva, mas nunca resolviam os problemas resultantes disso e nem discutiam o assunto com você depois. Ou pode ser que quando você expressava emoções, ouvisse frases como:

Engole o choro.
Deixa de ser fresca.
Não tenho tempo para isso.
Esquece isso, você vai ficar bem.
Você precisa superar isso.

Se alguém a fez pensar que suas emoções eram erradas, isso, definitivamente, influenciou o modo como você se expressa (ou não se expressa) como adulta. Em algum ponto, alguém fez a maioria de nós se sentir mal por ter determinados sentimentos. Isso pode ser muito confuso, mesmo quando as pessoas têm boas intenções. Digamos que você estava com medo e ouviu de alguém que não tivesse medo ou que não havia "nada a temer". Esse tipo de conselho pode permanecer com você e convencê-la a ser forte em um nível mais profundo.

Quando eu tinha 18 anos, o divórcio dos meus pais me surpreendeu. Eu tenho meios-irmãos bem mais velhos, então, basicamente, o enfrentei como filha única. Fui encaminhada a uma terapeuta e jurei que não choraria no consultório dela. Fiz disso meu objetivo. Eu dizia a ela e aos meus pais que estava bem. Na época, não contei a ninguém, mas sentia que meu comportamento não só protegia de sentimentos negativos, como também as pessoas de quem eu gostava. Eu não queria que meus pais soubessem que o fracasso do casamento deles estava me magoando. Disse a mim mesma que revelar minhas emoções iria magoá-lo e se eu pudesse evitar, me sacrificaria por isso.

Estava convencida de que, se abrisse uma fresta e deixasse minhas emoções saírem, os sentimentos que eu tinha trabalhado tanto para ocultar ao longo dos anos voariam como destroços em um tornado e magoariam todos ao redor. Por isso, os deixei bem trancados, usei minha máscara de forte como se fosse uma medalha de honra e fui cuidar da minha vida.

Como na história de Tracie, ouvir "Você é tão forte" tem um efeito poderoso. Se outra pessoa disse isso a você, ou se você disse a si mesma, você decidiu que ser forte é o jeito de lidar com as partes difíceis da vida. Ser forte era o mesmo que sobreviver, e render-se à dor era assustador. Não havia dúvida sobre o que funcionaria para você.

Hiperindependência

Se a expressão "seja forte" tivesse uma irmã, o nome dela seria hiperindependência. Talvez você a conheça. A pessoa hiperindependente quer fazer tudo sozinha, e quando a situação fica difícil ou ela tem algum problema, certamente não conta a ninguém e, muito menos, pede ajuda. Embora seja similar a se isolar e se esconder (ver Capítulo 2), há algumas diferenças. As mulheres hiperindependentes podem dizer a si mesmas:

Preciso ser mais autossuficiente.
Não preciso contar minhas necessidades para os outros.
Se quiser algo bem-feito, eu mesma preciso fazer.
Sou a única que pode fazer isso.

Ela também pode acreditar que confiar em alguém — seja para o amor, o companheirismo ou qualquer coisa — é ser muito fraca, infantil e carente. Como você já deve ter adivinhado, ela não está interessada em nada disso.

Talvez as pessoas a elogiem por ser tão independente, bem-sucedida e feliz, sem a ajuda de ninguém. Mas, por dentro, fica cada vez mais difícil se sentir feliz sem fazer algo tão essencialmente humano quanto precisar de outras pessoas.

COMO RESOLVER ISSO?

Eis uma pergunta doida: e se não houver problema em desmoronar de vez em quando? Chorar quando precisamos, sentir raiva quando ela surgir, cair de joelhos nos sentindo derrotadas e apenas deixar os sentimentos tomarem conta de nós? E se pudéssemos dar um passo além e fazer tudo isso na presença de outra pessoa? E se conseguíssemos ficar desconfortáveis e com medo na companhia de outra pessoa e sentir que ela nos ama ainda mais por ter testemunhado isso? E se pudéssemos entrar nesse cenário confiantes de que sairíamos bem no final? Talvez você esteja pensando: "Você está de sacanagem comigo? Desmoronar na frente de alguém?" Entendo a dúvida. É algo que se trabalha para conseguir. Deixe essa ideia guardada por enquanto.

Ser forte não significa passar por eventos e circunstâncias difíceis sem de fato sentir nada. Ser forte não é engolir o nó na garganta.

COMO PARAR DE SE SENTIR UMA M✳RDA

Ser forte não é empurrar seus sentimentos para as profundezas da sua alma.

Espero convidá-la a abrir o coração e a mente para uma nova perspectiva de força e resiliência, que permita que você se aceite e se reconheça por inteiro em todas as circunstâncias, tanto nas difíceis quanto nas maravilhosas.

Encarar os sentimentos

Agora você sabe que ser forte não é o mesmo que passar pela vida expulsando a cotoveladas tudo que remotamente se pareça com dificuldade, mas qual é essa nova perspectiva em relação à força? Ser forte significa percorrer as emoções negativas de raiva, decepção, arrependimento, tristeza, luto, perda e medo e também os chamados bons sentimentos, como alegria, amor, empolgação, êxtase e sucesso. Todos eles podem ser difíceis de suportar.

Ser forte é lançar luz sobre eles e senti-los. Ficar curiosa em relação a eles, desempacotar mais sentimentos e senti-los também. É como um fio solto em um suéter, que puxamos e então ele começa a se descosturar: quanto mais curiosas ficamos sobre o que estamos sentindo, será mais rápido e fácil trazer à tona mais sentimentos e processá-los.

Isso é ser forte.

Expressar emoções é um tema que sempre surge entre as mulheres com quem trabalho. De todo o conjunto de sentimentos, o luto e a raiva são os que as mulheres mais jogam para debaixo do tapete e decidem "ser fortes" em relação a eles.

Por exemplo, uma das minhas clientes, Jessica, tinha sentimentos não resolvidos em relação ao pai. Ela disse que ainda sentia raiva dele e jamais expressou isso completamente, e quando essa raiva ia surgindo, ela a sufocava. Eu perguntei: "O que você teme que possa acontecer se deixar a raiva surgir?" Ela disse: "Tenho medo de não conseguir lidar com isso." Eu perguntei: "E mais o quê?" Ela fez uma longa pausa antes de responder: "Tenho medo de não conseguir mais parar de chorar e perder o controle. E não gosto disso."

Agora estamos chegando a algum lugar.

Eu dei a Jessica a tarefa de ficar com raiva. O que ela poderia fazer para conjurar esse sentimento? Ela me falou que tinha algumas fotos que poderia olhar e trazer essas emoções à tona. E se comprometeu com a tarefa.

Alguns dias depois, recebi uma mensagem com uma foto. Era uma cama com um cobertor, uma agenda telefônica destruída e uma caixa de lenços. Jessica dizia, na mensagem: "Essa é a minha pilha de lenços e a agenda que destruí com um martelo de borracha. Fiquei com raiva e chorei por cerca de uma hora e depois dormi por uma hora." Ao falar com ela logo depois, perguntei como se sentia. Ela comentou que tinha ficado ansiosa antes disso, como se o corpo soubesse o que estava prestes a acontecer e a energia já estivesse surgindo. Seu corpo estava pronto para liberar esses sentimentos, e ela disse que precisou trabalhar para diminuir a intensidade até chegar a hora. Depois, ela se sentiu melhor, aliviada por ter conseguido passar por esse processo e ficar bem.

Veja bem, não estou dizendo que Jessica está "curada" após ter encarado esse assunto em particular. Ele pode ressurgir, em algum momento da vida, e ela vai precisar lidar com isso novamente. Mas esse exercício é útil porque não só libera sentimentos que precisam muito ser liberados como também cria autoconfiança. Jessica agora tem provas de que pode se permitir expressar emoções e ficar bem quando tudo acabar. O mundo não desabou diante dela.

Ceda ao seu corpo

Evitar nossos sentimentos é o jeito que usamos para nos enganar e pensar que estamos no controle. Quando expressamos emoções, estamos cedendo aos nossos corpos, deixando que eles façam o

COMO PARAR DE SE SENTIR UMA M✳RDA

que precisam fazer, em vez de racionalizar em cima da situação. Para muitas de nós, ceder ao próprio corpo é um conceito desconhecido.

Mas algumas situações exigem isso. Deixe-me pedir às mulheres que deram à luz para imaginar o que teria acontecido se elas tentassem segurar o bebê no útero quando começou o trabalho de parto. Não ia rolar, certo? E segurar vômito, já tentou? É nojento, eu sei, mas também não dá. O corpo sabe o que precisa ser expelido. Seu corpo está cuidando de você ao se livrar do que precisa.

Com sentimentos acontece o mesmo. Seu corpo sabe o que precisa fazer com eles.

Mais uma vez, trata-se de uma dessas situações em que os dois resultados parecem ruins. Os sentimentos surgem e temos duas escolhas:

1. Jogá-los para baixo do tapete. Sermos "duronas". Sim, é difícil, porque fazer isso realmente exige esforço. Especialmente quando nosso jeito de afastar os sentimentos é nos anestesiando, fugindo deles ao dizer a todos que estamos bem ou culpando outras pessoas.
2. Expressar as emoções. Esta opção também é terrível, porque ninguém realmente fica ansioso para chorar até não poder mais ou gritar no travesseiro. Sentir dor é, afinal de contas, doloroso.

As duas escolhas são terríveis para muitas mulheres, mas como a primeira (esconder tudo) é a que você conhece e à qual está acostumada, você a escolhe. Não é totalmente culpa sua. É provável que você tenha sido ensinada a se comportar dessa forma a vida inteira. Vestir essa máscara de ser capaz e nunca se render, de sair para o mundo e ser forte. Você recebe elogios por não deixar ninguém a abalar.

Você está acostumada a isso. É fácil agora, porque você dominou esse método, mas sei muito bem que esta farsa é exaustiva. Além disso, todos esses sentimentos que você jogou para baixo do tapete, ou em outra pessoa, ainda precisam ser expressos. Você não pode enterrar os sentimentos vivos e torcer para que morram. Eles não morrem, mas se entrincheiram em seu corpo e se manifestam na forma de insegurança, irritação com os outros, doenças, ansiedade, insônia e, para algumas pessoas, depressão.

E se nós redefiníssemos o que significa ser forte? Ser forte é:

- Pedir ajuda.
- Não fazer tudo apenas porque somos capazes disso.
- Realmente sentir os próprios sentimentos em vez de anestesiá-los, ignorá-los ou ferir os outros para aliviar sua dor.

Além disso, preste atenção para não tomar decisões do tipo "tudo ou nada": ou você sucumbe totalmente aos sentimentos a cada segundo todos os dias, desmoronando no trabalho e perdendo a linha na frente dos seus filhos, ou joga tudo para baixo do tapete e permanece forte.

Não precisa ser 8 ou 80. Às vezes não tem problema guardar tudo até encontrar um momento adequado para liberar suas emoções. Ou talvez você precise esperar um dia até que a amiga a quem você pediu ajuda consiga ouvir sua história. Mas tenha cuidado: quando esperamos um dia ou dois, pode surgir a tendência de jogar tudo para baixo do tapete. Assuma a responsabilidade e pense em redefinir o conceito de ser forte para você.

Muito provavelmente, você sabe se está escondendo sentimentos em nome de ser forte. É *isso* que eu preciso que você analise. Comece por aí.

Ter consciência é fundamental

Possivelmente, a parte mais importante para abandonar o hábito de ser forte, como em todos os outros, é identificar quando você está fazendo isso. Se sente que criou uma identidade em torno de ser forte, agora sabe disso e, com sorte, conseguirá ver quando estiver se baseando nessa identidade. As perguntas difíceis no fim do capítulo devem ser especialmente úteis para fazê-la investigar a situação mais profundamente.

Quando você se vir caindo na conversa de dizer a si mesma "engole isso, minha filha" ou "vista a máscara", saiba que é sua crítica interior falando. A crítica interior tem medo de parecer fraca ou vulnerável e, sinceramente, ela não bate bem da cabeça.

Entenda que ser forte não é uma medalha de honra, não vai ajudá-la e, muito menos, fazer você ser melhor que os outros. No fim da vida, ninguém ganha prêmios por isso. Isso pode funcionar temporariamente, e eu digo "funcionar" porque a validação imediata que você obtém ao ser forte, além de não ter que encarar e lidar com seus problemas e sentimentos reais, provavelmente é o que você procura. E isso, minha amiga, não vai resolver seus problemas a longo prazo.

Você vai fazer as pazes com o conceito ser forte ao dar a si mesma permissão para sentir os sentimentos. Mais especificamente, você poderá lidar melhor com essa tendência a ser forte ao se voltar para sua testemunha misericordiosa.

Não há duvidas que você é forte e capaz de se recuperar. Você nasceu para as tribulações da vida, e elas fazem de você quem você é. Você pode ser muitas coisas: resistente, forte, imperfeita e uma obra em construção. Quanto mais se entregar à vida, mesmo que isso signifique deixar de "ser forte", maior será sua felicidade. Recomendo que vá nessa direção, para obter mais confiança, coragem e alegria em sua vida.

Faça a si mesma as perguntas difíceis:

- O que você considera o oposto de "ser forte"?

- Você sente que mascarou sentimentos para se mostrar forte? Se sim, por que você acha que isso aconteceu?

- Há algo que você teme que possa ocorrer caso não seja forte ou caso as pessoas pensem que não é forte?

- O que exatamente você evitou na vida ao desenvolver o hábito de ser forte?

- O que especificamente você pode fazer para abandonar esse hábito?

CAPÍTULO 10

Deixa que eu faço: aprenda a abrir mão do controle

Se todo mundo apenas fizesse o que eu digo, tudo seria ótimo.

Este costumava ser o meu mantra da verdade divina, no qual eu acreditava, de todo o coração. Se minha vida era terrível, a culpa era de outras pessoas, e se elas fizessem exatamente o que eu lhes dizia para fazerem, todos nós seríamos mais felizes. (Eu me pergunto como tinha amigos naquela época.)

Aos 22 anos, tive meu primeiro emprego em uma empresa. Minha chefe (que depois eu notei que era a Rainha das Controladoras) disse logo na primeira semana: "Há poucas situações sobre as quais temos controle total, então faça o melhor para controlar o que for possível." Na época dessa conversa ela se referia à minha mesa, me aconselhando a manter a estação de trabalho organizada, mas eu levei o conselho a sério, e o segui. Afinal, ela estava com a razão. Não dá mesmo para controlar tudo, mas sendo uma mulher perfeccionista, forte e que vai além das expectativas, eu morreria tentando.

Como seres humanos, queremos a sensação de segurança. Alguns podem argumentar que somos viciados nisso. Minha amiga Christine Hassler, autora de *Expectation Hangover*, diz: "As pessoas querem muito controlar tudo e saber o que vai acontecer. Quando não conseguimos descobrir sozinhas, vamos a cartomantes para obter respostas."

COMO PARAR DE SE SENTIR UMA M✳RDA

Eu sentia que se pudesse controlar tudo (incluindo pessoas), eliminaria toda a incerteza, o desconforto e a ansiedade da minha vida. Pessoas que sentem que não conseguem controlar a si mesmas, a própria vida e suas emoções tendem a tentar controlar os outros, e eu não era exceção.

O complicado em relação a quem tem problemas com controle é que tudo começa como algo bom. Pessoas controladoras também são eficientes, confiáveis, inteligentes e produtivas. Elas geralmente encontram a melhor forma de lidar com um projeto ou uma situação difícil. Quando o bicho pega, você provavelmente quer alguém assim ao seu lado.

Aí tem a maldita da linha. A linha que você cruza e entra na Terra da Piração. Pessoas controladoras não fazem ideia de como abrir mão, delegar e confiar em alguém. A situação pode degringolar rapidamente, e quando isso acontece, é melhor você ficar no seu canto, porque elas podem entrar em combustão de repente, tamanha a ferocidade para controlar tudo que estiver ao alcance delas.

Sinceramente, a maioria das pessoas que tem dificuldades com controle não está seguindo os outros por aí com uma prancheta gritando ordens. Elas gostam de gerenciar os detalhes. Um exemplo comum é o jeito de arrumar a casa: elas se esforçam para manter tudo de uma determinada forma e surtam se algo estiver fora de ordem.

Ou talvez elas sejam fissuradas em planos e itinerários. Qualquer obstáculo deixa essas pessoas ansiosas e, às vezes, irritadas. No trabalho, elas pegam todas ou a maioria das responsabilidades, ou, caso deleguem funções, ficam olhando por cima dos seus ombros, observando e comentando a tarefa que acabaram de passar para você.

Caso sejam mães, talvez gerenciem os mínimos detalhes da vida dos filhos. Controlam tudo o que eles comem, monitoram a agenda deles, não deixam as crianças ter oportunidade de cometer os próprios erros nem os próprios sucessos.

Então, onde está o limite entre manter os filhos seguros e não controlar tudo? Entre ser ultraeficiente no trabalho e não atropelar

154

DEIXA QUE EU FAÇO

o espaço e os projetos alheios como se fosse um rolo compressor? Vamos descobrir.

O QUE ESTÁ POR TRÁS DE TUDO ISSO?

Não vou dourar a pílula. Quem tem problemas com controle vive com medo. Essas pessoas têm tanto medo do que pode acontecer se não tentarem controlar todas as situações que deixam os sentimentos alheios, os relacionamentos e, às vezes, até a sanidade de lado para manter o foco apenas naquilo que podem controlar.

Embora não soubesse na época, no auge da minha carreira de controladora as questões subjacentes eram baixa autoestima, insegurança e falta de confiança. Na superfície, eu acreditava saber o que era melhor para todos, que tudo ficaria melhor se eles apenas me ouvissem. Se eu pudesse criar um resultado positivo ou resolver um problema em outra pessoa, eu me sentia melhor comigo mesma.

Quanto mais estivesse sob minha responsabilidade, melhor eu me sentia, porque assim eu tinha mais para controlar. Mas, na verdade, todo esse gerenciamento e controle excessivos eram uma distração fácil para que eu não precisasse encarar meus problemas reais: o coração partido, o luto, a pressão, a ansiedade, o medo, a confusão e as dificuldades. Ou seja, tudo o que a maioria das pessoas enfrenta na vida. Não sei se percebi tudo o que estava por trás do problema, mas a pequena parte de mim que o fez tinha pavor de encará-lo. Muitas controladoras crônicas fazem isso para tentar evitar a dor e as dificuldades na própria vida. Enfrentar o desconforto na vida é difícil demais, então, elas simplesmente se agarram às vidas alheias e arranjam mais o que fazer.

Muitas controladoras crônicas fazem isso para tentar evitar a dor e as dificuldades na própria vida.

COMO PARAR DE SE SENTIR UMA M✳RDA

Controladoras crônicas também se sentem emocionalmente insegura. Quando eu dava uma olhada nos sentimentos e nas emoções que escondia com sucesso embaixo do tapete, eles me espantavam e assustavam como a sensação de esbarrar acidentalmente em uma teia de aranha. Você sacode os braços, desesperada, tentando se livrar da teia, enquanto torce para que não tenha uma aranha no seu rosto ou no seu cabelo. Era assim que eu me sentia em relação às emoções em minha vida. Eu rapidamente fugia delas e encontrava algo diferente para controlar e estar no comando.

Quem tem dificuldades em relação ao controle também luta com o perfeccionismo. São pessoas que querem criar todas as regras, ter todas as respostas, estar certas e parecer perfeitas o tempo todo. Para as perfeccionistas conseguirem fazer tudo isso, elas precisam de controle. E aí vira um ciclo sem-fim, porque, quando não conseguem ser perfeitas (o que inevitavelmente acontece), em vez de analisar o hábito pouco saudável do perfeccionismo, elas tentam controlar mais. E o ciclo continua.

No entanto, eu não quero que ninguém se ache irracional por buscar uma sensação de segurança e certeza na vida. Todo mundo quer isso; é natural. E não tem nada de errado em tentar controlar as situações. O que eu desejo que você comece a se perguntar é: esse controle afeta negativamente a sua vida? Em outras palavras, esse comportamento passa dos limites? Falaremos sobre isso na próxima seção.

COMO RESOLVER ISSO?

Você se lembra do Capítulo 1, de quando falei que para mudar o diálogo interno negativo era preciso não estar mais em guerra consigo mesma? A questão do controle é parecida, pois você terá que parar de lutar e praticar o ato de ceder. Você pode estar pensando que mudar o jeito controlador significa "deixar pra lá", o que seria como cortar um braço. Ou que será preciso deixar todos agirem como desejarem, confiando que tudo vai dar certo sem a sua ajuda. Além disso, você pode estar achando que terá que aprender a ser indiferente, porque vai precisar abrir mão de tudo. Mas eu garanto que não é o caso.

Ceder significa parar de lutar, de resistir e de agir como sua vida dependesse de ter poder sobre tudo e todos. Não é assim que funciona.

Você pode ter hesitado anteriormente quando falei que o comportamento controlador está associado ao medo. Afinal, talvez você pense que faz tudo melhor que todo mundo e simplesmente sabe as respostas. Com essa crença, você está lutando contra o universo e resistindo ao desenrolar natural das coisas. Há uma pergunta importante que preciso fazer a respeito disso: do que você tem medo que possa acontecer se abrir mão do controle?

Do que você tem medo que possa
acontecer se abrir mão do controle?

Você tem medo de que tudo desabe? De que sua vida seja mais difícil? De que os outros a julguem por não assumir toda a responsabilidade? Você tem medo porque ceder é difícil e se parece demais com desistir? Sua identidade gira em torno de ser uma conquistadora eficiente e produtiva?

Talvez todas as respostas anteriores. E, amiga, eu entendo que o controle pode parecer *tudo* o que temos. O único fator que traz segurança à vida. Como alguém que tem a palavra "ceder" tatuada no braço para lembrar de que a vida é melhor quando você não a segura pela garganta e a arrasta por aí, posso garantir com todas as minhas forças que o controle não vai lhe dar nada, exceto uma passagem só de ida para a loucura.

Então, voltemos à pergunta sobre o comportamento controlador afetar negativamente sua vida. Por exemplo, é normal querer que a casa fique em ordem após ter passado o dia inteiro na faxina, mas você fica com raiva da sua família por fazer algo normal como...

COMO PARAR DE SE SENTIR UMA M✳RDA

Viver? Em que situações você pode ser flexível? Eu entendo perder a linha quando as crianças entram em casa com sapatos enlameados e sujam tudo, mas existem momentos em que você pode pegar leve? Você está fazendo a família pisar em ovos porque tenta controlar os movimentos de todo mundo?

No trabalho, se as pessoas se preocupam com seu jeito controlador ou se você já sabe que age assim, você estaria disposta a ceder em alguns pontos? Não é questão de deixar *tudo* pra lá, e sim de observar o comportamento e fazer pequenas mudanças. Porque, no fim das contas, esse hábito pode estar gerando o caos em seus relacionamentos pessoais e profissionais, sem contar o estresse que lhe causa.

Você pode pensar que fica mais feliz estando no controle, mas garanto que na verdade a vida fica mais difícil. Sei que você é uma mulher inteligente, capaz e, portanto, conseguirá desaprender esse hábito e criar outro, mais alinhado com quem você deseja ser e que *também* vai ajudá-la a conquistar mais equilíbrio na vida.

Não se meta na vida alheia

Outra forma de acabar com o hábito de controlar é adotar a política de não dar conselhos. Muitas controladoras *adoram* dar conselhos, geralmente sem que alguém os peça. O desafio é não aconselhar, mesmo se você tiver certeza de que alguém está fazendo besteira na vida e de que a pessoa seria mais feliz se a ouvisse porque, ah, minha nossa, é tão doloroso vê-la agindo errado. Exaustivo, não é? Sem contar que, na maioria das vezes, quem recebe os seus conselhos não os segue (mesmo quando pediu), o que a deixa frustrada e irritada.

Se essa política de não dar conselhos faz você surtar, experimente o seguinte: quando alguém de quem você gosta estiver em dificuldades, diga esta frase simples: "Se você precisar da minha ajuda, é só dizer." Sem sugestões ou dicas. Nada de comentários passivo-agressivos deixando claro que você sabe o que é melhor para eles, mesmo sem falar diretamente. Apenas diga para avisarem se precisarem de ajuda. Além disso, confie o suficiente nas pessoas para saber que elas *realmente* vão avisar se precisarem.

Confie em si mesma

Por falar em confiança, quem encontra paz no controle costuma ter problemas para confiar em si e nos outros. Se essas pessoas confiassem, não se sentiriam tão mal por terem que forçar a barra para tudo sair do jeito delas. Pessoas controladoras geralmente têm problemas de insegurança, e a ideia de não estar no controle pode apavorá-las. Elas não confiam nas próprias emoções, habilidades, decisões, e nem nos próprios instintos.

Eu falei sobre confiança no Capítulo 2, mais especificamente sobre confiar nos outros. Mas e quanto a confiarmos em nós?

A autoconfiança é um dos assuntos aparentemente complicados que deixa muitas das minhas clientes perplexas. Vamos começar pelo começo. Autoconfiança é:

- A capacidade de saber que está tomando as decisões certas naquele momento específico. Mesmo se você acabar descobrindo que tomou a decisão *errada*, as lições aprendidas serão benéficas.
- Saber que você é muito bem-cuidada, não importa o que a vida coloque em seu caminho.
- Abrir mão dos resultados e saber que tudo vai dar certo, mesmo se não for do seu jeito. O importante é ter orgulho por ter dado a cara a tapa e consertado os possíveis erros que cometeu.

A autoconfiança vem do pensamento, mas confiar em si mesma vem do coração. Sei que isso pode parecer um pouco esotérico e complicado, mas vamos experimentar este exercício: digamos que você precise escolher entre A ou B. Tudo na opção A parece bom no papel. As informações que você coletou para tomar essa decisão apontam para A, mas seu instinto diz algo diferente. A intuição manda escolher a opção B.

O que você faria?

Acho que todas nós vivemos uma situação em que ignoramos a intuição e só depois entendemos que ela estava certa o tempo todo.

Isso não significa parar de ouvir conselhos e de coletar as informações necessárias para tomar decisões. Tudo isso é importante, bem como ouvir sua voz interior. Quanto mais você confia em sua intuição, maiores as provas de que o seu instinto sempre esteve ao seu lado, e, consequentemente, você passa a confiar mais em si mesma. Quanto maior a autoconfiança, menor será a necessidade de controlar tudo.

A confusão mais comum e que eu também tive em relação à autoconfiança é que muitas de nós cometeram muitos erros no passado. Às vezes, agimos contra nossa intuição conscientemente, e em outras ocasiões não tivemos intuição alguma, duvidamos de nós mesmas ou consultamos outras pessoas, em busca de conselhos ou confirmação, que estávamos tomando a decisão certa. A autoconfiança nunca existiu de verdade, porque nunca demos chance para isso.

Um dos principais elementos para aprender a ter autoconfiança é passar mais tempo quieta. Eu sei, eu sei, ficar quieta pode parecer estranho e artificial para algumas de vocês, mas não há como ouvir a intuição e aprender a confiar em si mesma quando você está correndo por aí feito uma doida, espalhando sua tirania como se sua vida dependesse disso. Eu falo, meio brincando, que ao fazer o exercício da quietude eu me sinto como uma gata que foi jogada em uma banheira cheia de água e fica encharcada, irritada e tentando fugir desesperadamente. A quietude traz sensação de incerteza e, para algumas pessoas, é uma perda de tempo, mas, pode acreditar, é o único jeito. Práticas de quietude, como meditação, yoga e contato com a natureza vão ensiná-la a conhecer o seu lado mais profundo e sábio. Comece devagar: experimentar apenas cinco minutos por dia vai ajudá-la imensamente.

DEIXA QUE EU FAÇO

Leve em conta suas questões

Outra ferramenta para abrir mão de seu jeito controlador é receber a ajuda necessária para analisar suas questões. Como mencionei, as controladoras crônicas estão desesperadas para evitar a dor. "Ajudar" outras pessoas as deixa melhor, então, elas se metem na vida alheia para evitar seus próprios problemas. Assim elas se sentem importantes e focadas, mas, na maioria das vezes, é um jeito falso e imaginário de se sentir bem.

O que a deixa infeliz — dor, dificuldades, desconforto, medo, sensação de inadequação e o desconhecido — não vai a lugar algum. Controlar os outros, tentar fazer com que vejam tudo do seu jeito, dar conselhos quando ninguém pediu e gerenciar os mínimos detalhes de tudo significa adiar a capacidade de ver suas próprias questões. Você tem problemas com sua família? Faça terapia. Tem traumas? Bem-vinda ao clube! Trabalhe isso ou leia livros sobre esse assunto em particular. Não consegue se comunicar com eficiência? Existem vários textos sobre isso também.

Resumo da ópera: apegar-se ao controle vai afastá-la do contentamento que você tanto procura. Mergulhe além da superfície, mesmo se tiver medo. O que está lá embaixo tem o poder de libertá-la. Abrir mão do controle vai permitir que você aprecie mais a vida, tenha mais prazer e melhore seus relacionamentos.

COMO PARAR DE SE SENTIR UMA M✱RDA

Faça a si mesma as perguntas difíceis:

- Ser controladora afeta negativamente sua vida? Esse comportamento passa dos limites?

- O que você teme que possa acontecer se tentar abrir mão do controle?

- Como está sua autoconfiança? O que você pode fazer para aumentá-la?

- O que você acha que está por trás de tudo isso? No que você precisa mergulhar fundo para abrir mão do comportamento controlador?

CAPÍTULO 11

O céu vai cair: como parar de
se preparar para o desastre

O que é prever catástrofes? Nome de banda? Poderia e deveria ser, mas é um dos hábitos que faz as mulheres se sentirem uma merda.

Prever catástrofes é o seguinte: digamos que tudo está bem em sua vida. Ótimo, até. O trabalho vai bem, o relacionamento está um mar de rosas e a conta bancária não está no vermelho. Você está andando por aí feliz da vida e aí pensa: "Isso não vai durar. Quando tudo vai desabar?" Ou talvez você finalmente tenha engravidado após vários meses de tentativas, aí começa a ficar obcecada por abortos espontâneos, procurando estatísticas no Google e se perguntando quando isso vai acontecer com você.

Às vezes eu ainda prevejo catástrofes. Estou contente, as crianças estão felizes e saudáveis, meu casamento vai bem, os negócios estão ótimos, tenho amigas maravilhosas e então me pego pensando: "Quando pelo menos *uma* dessas situações incríveis vai acabar?" Não sei dizer quantas vezes cheguei ao ponto específico de planejar meu funeral. Pensei na música, em quem falaria e até em quem certamente o evitaria. Ou, pior ainda — e mais difícil de admitir —, imaginei um dos meus filhos sendo diagnosticado com uma doença terminal ou sequestrado. E também questionei se meu casamento sobreviveria a uma tragédia como essa ou se isso me levaria a beber de novo.

COMO PARAR DE SE SENTIR UMA M✳RDA

É como se eu tivesse um cupom de felicidade que carrego por aí na carteira e que está prestes a expirar, então, é melhor me preparar para o desastre. Rápido, alguém pegue uns cones laranja para colocar ao meu redor.

Isso, meus amigos, é ensaiar uma tragédia, esperar o inevitável ou, como gosto de classificar, "prever catástrofes". É um hábito de várias mulheres, mas na maior parte do tempo elas não percebem, nem sabem como isso as afeta negativamente. Em resumo: a pessoa prevê catástrofes, vive ensaiando tragédias e se sente tão desconfortável quando a vida não é do seu jeito que não consegue ficar tranquila, relaxar e conviver com tudo de maravilhoso que está acontecendo. Ela não sabe aceitar a alegria.

Nisha, 30 anos, moradora de Nova York, diz:

> Eu tenho dificuldade com a previsão de catástrofes em minha vida profissional e pessoal. É como se eu só pudesse ser feliz até o ponto em que algo lá no fundo me puxar para baixo e limitar minha alegria. Recentemente encontrei um homem incrível com quem dividir a vida, mas a experiência parece muito desconfortável e estranha, e me vejo perguntando quando e por que isso vai acabar, fico tentando controlar o resultado e procurando qualquer pequeno sinal de que o relacionamento vai terminar.
>
> Parte desse medo vem de que sentir uma alegria tão grande não parece familiar, sendo bem diferente do que conhecemos. Eu sei existir sendo essa pessoa que prevê catástrofes, mas não sei como existir como alguém que aceita a alegria.
>
> No caso desse relacionamento, quando eu paro e realmente penso no quanto ele é magnífico, a sensação é tão poderosa e forte que me assusta de verdade. Porque, lá no fundo, eu digo a mim mesma que não o mereço e vou perdê-lo. É como se eu preferisse sentir e encarar isso agora para me magoar menos quando acontece no futuro.

O inesperado em relação à alegria é que a maioria das pessoas fica desconfortável ao senti-la. Obviamente, as pessoas gostam de ser felizes, e é o que lutamos para conseguir como seres humanos, mas a *verdadeira alegria*, essa sensação avassaladora de amor, felicidade, êxtase e segurança misturadas, às vezes assusta. Porque, como diz Nisha, suspeitamos de que algo terrível vai acabar acontecendo. Estamos tão familiarizadas com as sensações de decepção, fracasso e até de luto que aceitar totalmente a alegria é um risco muito grande. É como subir uma escada velha e frágil: quanto mais alto subimos, maior o risco. E maior será o estrago ao cair. Então é mais seguro subir só alguns degraus, ou nem subir, já que a dor é inevitável. Nós nos convencemos de que é possível controlar a dor que vamos sentir no fim das contas ao controlar a alegria que deixamos entrar.

> Nós nos convencemos de que é possível controlar a dor que vamos sentir no fim das contas ao controlar a alegria que deixamos entrar.

DE ONDE VEM ISSO?

Suportar a alegria e a felicidade é extremamente difícil para muitas de nós, sem contar que essas sensações podem nos deixar inseguras. Ou incrivelmente constrangidas, por isso, muitas vezes, simplesmente evitamos a alegria. Em algum momento decidimos que podemos driblar esse negócio de vulnerabilidade ao nos colocar *menos* em risco evitando a verdadeira alegria, para começo de conversa.

Se investigarmos mais a fundo, a questão subjacente é o mérito: "Quem sou eu para ter todo esse amor e felicidade? Quem sou eu para merecer todas essas pessoas que me amam e me aceitam como sou? E se elas souberem que eu tive muitas dificuldades em alguns momentos? E se elas souberem o quanto sou imperfeita e minha vida também é? Será que me amariam e aceitariam mesmo assim?"

Tudo isso parece familiar? Provavelmente sim, porque sei que a maioria de nós está cantando essa mesma canção. Para mim, é fácil ficar sentada e dizer que você é incrível do jeito que é, e todas essas palavras lindas e importantes. Sim, tudo isso é verdade, mas, amiga, o trabalho real vem ao sentir. É preciso sentir o desconforto enquanto nosso cérebro diz: "ISSO É PERIGOSO! CORRA!" Se não sentirmos essa alegria pura, jamais poderemos vivenciá-la completamente.

COMO RESOLVER ISSO?

Abrir mão de prever catástrofes lhe dará a sensação de abandonar a segurança e o abrigo que criou para se defender contra a dor. À medida que damos pequenos passos para abandonar esse hábito, há algo mais a se pensar sobre isso e algo igualmente importante a se fazer.

Gatilhos

Em um dia de verão, meu marido, Jason, e eu discutimos. Essa discussão específica me pegou de surpresa e precisei fazer uma pausa e sair para dar uma volta. Enquanto estava dirigindo, afundei em pensamentos: *Ele vai me largar. Vamos ter que vender a casa. Vou ser mãe solteira. Onde vou morar? O que vamos dizer às crianças?* Em poucos minutos estabeleci todo um plano para minha vida de solteira. Em nenhum momento da discussão ele disse que queria o divórcio ou ao menos aludiu a isso, nem de longe. Eu inventei tudinho na minha cabeça, e fui em frente.

O que aconteceu foi o seguinte. Primeiro: para mim, era mais fácil e seguro planejar e controlar em vez de pensar no que aconteceu ou sentir como reagi a isso. Segundo: o meu gatilho foi ativado, pura e simplesmente. Em vários outros capítulos falei sobre a importância de conhecer seus gatilhos, e prever catástrofes também é uma ocasião para ter consciência disso e mudar o hábito. Meu exemplo é bastante comum: levante a mão se você já levou um pé na bunda ou alguém já saiu da sua vida. A maioria de nós já passou por isso, provavelmente todas nós, não é? Como essas feridas tendem a não cicatrizar, quando enfrentamos outra possibilidade remota de rejeição inventamos cenários apocalípticos. Estudos sobre o cérebro mostram que essa é a reação humana normal aos gatilhos, portanto, não se recrimine. Nós vamos automaticamente para esses cenários inventados, mas o que *podemos* controlar é nossa reação ao saber que um gatilho foi ativado.

Naquele dia, quando percebi que estava inventando histórias e surtando, admiti para mim mesma que aquela era uma *questão minha*. Eu sabia que uma antiga ferida tinha sido cutucada, e perceber isso me permitiu pensar com mais clareza e depois agir com mais clareza, quando chegou a hora de trabalhar isso com o meu marido.

Portanto, quando você estiver nas garras do hábito de criar o pior desastre possível ou planejar o resto da sua vida com base em uma conversa ou na reação de alguém, analise se algum gatilho foi ativado por uma mágoa antiga, levando-a a criar essas histórias loucas.

Gratidão

A gratidão é uma excelente prática no geral, além de ótima ferramenta para usar quando você estiver prevendo catástrofes. Talvez você já tenha escrito os três motivos pelos quais se sente grata todos os dias. Tudo bem, mas vou desafiá-la a mudar isso porque, convenhamos, não adianta muito. É um ótimo começo, mas está na hora de seguir em frente e acelerar o processo.

Após conversar com muitas mulheres, cheguei a algumas conclusões sobre a prática da gratidão e como ela se relaciona diretamente com o hábito de prever catástrofes:

1. **Quem gosta de prever catástrofes é tão boa em conhecer a escuridão que *espera* a escuridão.** Por estar intimamen-

COMO PARAR DE SE SENTIR UMA M✱RDA

te familiarizada com a adversidade, o coração partido, a inadequação, o luto e/ou o desespero, uma pessoa tende a estender o tapete de boas-vindas para esses sentimentos a qualquer momento. A boa notícia é que não dá para sentir gratidão e alegria até vivenciar o oposto. Para sentir a luz é preciso conhecer a sombra. Então adivinha só? Você já tem meio caminho andado.

2. **O nome é "praticar a gratidão" por um motivo.** Você não vai pensar como uma monja budista imediatamente e agir assim por vários anos, meditando sobre tudo que a deixa feliz. Todo esse trabalho sobre o qual você está lendo (não só neste capítulo, mas em todos) depende da prática. Você não pratica uma vez só para ser dançarina da Beyoncé e depois vai em uma turnê com ela. (O que foi? Eu posso sonhar, oras.) Você pratica, erra, pratica mais, pensa em desistir, pratica mais um pouco, melhora e por aí vai. O mesmo vale para a gratidão e o processo de se afastar da previsão de catástrofes.

3. **A prática da gratidão acontece em momentos pequenos e às vezes irrelevantes.** Os momentos mais simples da vida diária podem ser os mais alegres se você prestar atenção neles por mais de 1 milissegundo: sair para uma caminhada com quem você gosta, dormir agarradinha com seu gato ou cachorro, tomar o primeiro gole de café ao acordar ou ouvir seu filho rir. Muitos momentos alegres acontecem nas conexões que temos com os outros, mas se deliciar nos pequenos momentos de solidão também pode deixá-la feliz.

   Além disso, se você estiver vivenciando um desses pequenos momentos de gratidão e imediatamente se perguntar "e se tudo desabar de repente?", apenas perceba o que está fazendo. Sua consciência pode ser uma das ferramentas mais poderosas de todas. O que nos leva ao próximo ponto...

4. **É preciso continuar prestando atenção.** Se olharmos a história de Nisha no começo do capítulo, podemos pedir a ela, de modo realista, para não pensar mais no fim do seu

relacionamento. Ela está muito acostumada a criar essas histórias de catástrofe, e a boa notícia é que ela tem consciência disso. Eu pediria a ela para fazer o seguinte quando notar a mente devaneando e pensando em como tudo vai desmoronar: observe e depois pratique a gratidão em pequenas doses. Pense no quanto ama o som da voz do seu namorado ou o sorriso dele. Ou no quanto ama o emprego que tem. No mesmo momento, é provável que ela mude de assunto e se pergunte quando será demitida daquele trabalho que ama, e eu pediria para ela continuar observando e tentando.

5. **Antes mesmo de pôr o pé no chão todas as manhãs, você *escolhe* viver com medo ou alegria.** Esse padrão específico pode estar profundamente arraigado em você, então o compromisso com a prática é essencial. Preste atenção se você sentir que muitas coisas não bastam. Ao acordar, você sente que não dormiu o suficiente? Quando toma o café da manhã e pensa em ir ao mercado fazer compras, tem medo de não ter dinheiro suficiente? Quando vai trabalhar, pensa que não vai ter o tempo necessário?

   Não é questão de dizer que você *tem* o suficiente; não estou pedindo para mentir para si mesma. Quero que você observe se está tendo esses pensamentos, para começo de conversa. Se a maioria dos seus pensamentos se concentra no que falta, isso a fará se sentir uma merda boa parte do tempo. Às vezes, antes de praticar a gratidão, é preciso observar essa carência e driblar essa sensação pensando de modo imparcial.

   Por exemplo, quando você sai para trabalhar e sente que não tem tempo suficiente para os seus projetos, em vez de se preocupar e dizer "Não tenho tempo suficiente/ninguém sem importa com isso/minha chefe é babaca/isso é uma bosta", experimente algo novo. Tente observar aquilo para que você considera que não tem tempo suficiente e depois pense no que é possível controlar no trabalho. Especialmente se não houver *nada* que você possa fazer em relação ao trabalho e/

ou se não está disposta a agir para mudar algo lá; nesse caso, preocupar-se com o fato de não ter tempo é inútil. Reclamar disso, seja em sua cabeça ou em voz alta, também não ajuda, e na verdade só vai fazê-la se sentir uma bosta. Às vezes, o primeiro passo rumo à gratidão envolve notar o quanto você vive na escassez. Assim, poderá se afastar dela e se concentrar no que é *incrível* em sua vida.

6. **Sua alegria e gratidão não podem *depender* dos outros.** Em outras palavras, se você está esperando alguém fazê-la feliz e criar algo para que se sinta grata, melhor esperar sentada.

Ninguém preencheu uma ficha de emprego para ser "fornecedor(a) de alegria" a você. Não cabe aos seus filhos, seu cônjuge, seu emprego, nem ao seu cachorro (embora eles costumem ser ótimos nisso). Você é totalmente responsável pelo próprio nível de alegria.

Uma tarefa

Uma das minhas clientes, Amanda, era mestre em prever catástrofes. Ela rapidamente analisava e se preocupava com o que havia de difícil ou negativo na vida, mas passava direto pelo que havia de bom e alegre. Eu lhe dei a tarefa de entrar de maneira intencional na alegria. Solicitei que enviasse um e-mail aos amigos mais íntimos, pessoas que ela sabia que gostavam dela, pedindo que respondessem com algumas frases sobre o que gostavam nela. Quando propus essa tarefa, parecia que eu tinha pedido a ela para limpar todos os banheiros públicos dos Estados Unidos. A ideia não só de pedir como também ler esses e-mails a deixou extremamente desconfortável.

Eu não sugeri essa tarefa para inflar o ego da minha cliente, e sim porque Amanda tinha muita dificuldade para vivenciar esse tipo de alegria. Quem ensaia tragédias é conhecida por evitar reconhecimento e elogios.

Além disso, a tarefa não envolvia apenas ver os e-mails que recebeu de volta. Eu queria que ela os lesse bem devagar, assimilando todas as palavras de amor que as pessoas lhe dedicaram. Para receber o presente. Sentir o desconforto da alegria. Quem prevê catástrofes de forma crônica *precisa* praticar isso. Estamos tão acostumadas a passar direto pelo amor e pela felicidade, para nos concentrar em nossas deficiências ou em como tudo pode dar errado, que precisamos praticar intencionalmente a alegria e o deleite.

Amanda cumpriu a tarefa, e para seu espanto as pessoas que receberam o e-mail ficaram felizes em responder, e a maioria escreveu mais do que algumas frases. Ela disse que foi difícil de suportar, pois a crítica interior dela tinha muito a dizer sobre tudo aquilo, mas ela adorou o exercício, por ter provado que o amor e a alegria tinham muito a contribuir para o seu crescimento pessoal, sua autoconfiança e seu amor-próprio.

Se você é igual à Amanda, recomendo a mesma tarefa. Você pode até simplificá-la, comprometendo-se a fazer o seguinte: na próxima vez que alguém a elogiar ou expressar reconhecimento a você, faça uma pausa e reserve um momento para absorver a sensação.

Alegria

Se você é mestre em prever catástrofes ou simplesmente evita a alegria, passou tanto tempo *não* sentindo alegria que pode se perguntar como ela é realmente. Estou falando do tipo de alegria que é capaz de tirar o fôlego e deixá-la de joelhos. O tipo de alegria que parece um sonho, mas você sabe que é real. O tipo de momento que faz o tempo parar.

A alegria não existe em nível superficial. Ela está em seus ossos e em suas células. E todas temos a capacidade de senti-la e vivenciá-la.

É a sensação de que o coração vai explodir. Aí você sente isso, chega àquele ponto desagradável e permanece um pouco mais nele. Reconheça esses hábitos de ensaiar tragédias, criar desculpas, querer afastar tudo e escolha a alegria. Pedi a alguns colegas para me descreverem a alegria, e Michelle Ward, que estava fazendo quimioterapia para tratar um câncer de mama pela segunda vez, disse: "A alegria é a sensação de que o coração vai explodir de felicidade. Quando olho ao redor, percebo que tenho sorte pra caralho apesar das merdas que estou enfrentando (como o câncer)."

Convido você a olhar para sua vida e se perguntar se está realmente sentindo alegria ou a está deixando de lado, porque é arriscado demais? Esta é sua escolha. Você pode ficar "segura" ou mergulhar na parte boa. A alegria é o presente dado pela vida, se você estiver disposta a aceitá-lo. Isso cabe totalmente a você. É desconfortável, mas a escolha ainda é sua.

Faça a si mesma as perguntas difíceis:

- Se você gosta de prever catástrofes, que área da sua vida a leva a fazer isso com maior frequência?

- O que você está evitando sentir quando cede ao desejo de ensaiar tragédias?

- O que serve de gatilho para você?

- Como é sua prática de gratidão? Se você não faz isso, o que pode se comprometer a fazer nesse sentido?

- Você se permite vivenciar a alegria verdadeira? Se não, o que está disposta a fazer para tentar?

CAPÍTULO 12

O jogo da culpa: uma passagem só de ida para a desconexão

É tudo culpa deles.

Ah, dá uma sensação boa, não é? Às vezes, culpar alguém parece um cobertor quentinho e confortável no qual podemos nos enrolar quando a situação piora.

Algumas mulheres usam a culpa como mecanismo de proteção, imaginando que, assim, não vão se magoar nem ficar mal. A culpa é elusiva e nos permite renunciar à responsabilidade. É mais fácil assim. A culpa torna possível focar a pessoa ou situação mais próxima em vez de lidar com o problema real. Quando culpamos os outros, temos a sensação de sair ganhando.

Culpar os outros permite que evitemos os nossos próprios problemas. Eu tive um caso de amor com a culpa por um longo tempo. No primeiro casamento, eu culpava meu marido por tudo. Claro que ele não me tratava bem e era um escroto, mas, na época, eu nunca olhava para os *meus* problemas. A primeira vez que a terapeuta de casais destacou algumas das minhas falhas e deu sugestões para que eu as resolvesse, fiquei atônita e ofendida. Ela não via que era tudo culpa dele? Não entendia que ele precisava tomar vergonha na cara e que, quando isso acontecesse, todos os nossos problemas estariam resolvidos? Eu não conseguia entender. Estava magoada e convencida de que a culpa era 100 por cento dele.

COMO PARAR DE SE SENTIR UMA M✱RDA

Agora vejo que estava com raiva dele por ter me magoado e também porque ele não mudava. Eu queria, desesperadamente, que ele mudasse, mas eu também o culpava por me fazer sentir emoções indesejadas. Eu não queria sentir raiva. Não queria sentir ira, medo e frustração. A pilha de culpa contra ele aumentava e se tornava maior à medida que os anos se passavam em nosso relacionamento.

Quando botamos a culpa nos outros, não conseguimos vivenciar a empatia e nos conectar com eles. Fazer acusações ou jogar a culpa em alguém impede que reconheçamos os sentimentos alheios. Quando nossa empatia não aparece, perdemos a capacidade de conexão. Quando culpamos alguém, nos eximimos de tudo isso. Vejamos este exemplo: digamos que uma amiga conte os problemas que enfrenta com o filho adolescente. Ela sabe que ele está na farra e usando drogas. Você responde com: "Sei lá... Talvez ele esteja abalado com o seu divórcio e se comportando mal por causa disso."

Horrível, não é? Às vezes, é difícil expressar empatia e encontrar aquela parte de nós que também está magoada. Parece mais fácil encontrar algo ou alguém para culpar. Não estamos tentando ser babacas e insensíveis com nossa amiga; temos boas intenções e estamos tentando ajudar, mas quando ela confia seu sofrimento a nós, temos dificuldade para lidar com ele. Podemos imaginar nossos filhos na mesma situação ou simplesmente não sabemos o que dizer, ou como ajudar, então, apelamos para a culpa.

É importante observar em que momentos a culpa surge, no seu caso. Você pode usá-la em situações importantes, como fiz em meu relacionamento. Você também pode usar a culpa em instâncias menos óbvias, como no exemplo do filho da amiga. De qualquer modo, é importante ter consciência de quando a culpa mostrar sua monstruosa face.

COMO RESOLVER ISSO?

Quando jogar a culpa nos outros vira um hábito, pode ser difícil parar. Isso exige puxar as rédeas enquanto se assume a responsabilidade pela própria vida. Não estou dizendo para você deixar os outros serem babacas sem falar nada, pois as pessoas precisam ser responsabilizadas pelas escolhas repugnantes que fazem e pelos erros que cometem. Mas se você realmente acredita que só pode ser feliz se as pessoas pararem de ser babacas, vai precisar abrir mão de culpá-las. Com frequência, há algo em que podemos melhorar, mesmo quando estamos convencidas de que é tudo culpa dos outros.

Mas se você realmente acredita que só pode
ser feliz se as pessoas pararem de ser babacas,
vai precisar abrir mão de culpá-las.

Faça um inventário

A primeira etapa consiste em fazer um inventário das situações que a levam a jogar a culpa nos outros. Pode ser algo óbvio em sua vida, como a chefe de quem você constantemente reclama para todo mundo, mesmo sem ter conversado com ela. Observar nosso comportamento de jogar a culpa nos outros exige que estejamos vulneráveis, o que raramente é confortável. Então, jogar a culpa nos outros vira a escolha mais conveniente, mas isso jamais irá ajudá-la a ter orgulho de si mesma, nem a manter a felicidade.

Agora pense nos momentos em que teve dificuldade para ouvir as pessoas. O exemplo que dei, da amiga falando sobre os problemas com o filho adolescente, mostra como, às vezes, podemos errar. A menos que tenha especificamente pedido sua opinião, ela não procura alguém que ponha a culpa nela, nem conselhos para resolver isso. Ela procura ser vista e ouvida em sua dor. Isso é desconfortável para ambas, eu sei, mas a verdadeira conexão humana é fundamental para que ninguém se sinta uma merda, inclusive você. Partilhar a dor com ela significaria deixar seu desconforto de lado.

COMO PARAR DE SE SENTIR UMA M✳RDA

Veja o que está por trás disso

Você precisa olhar para alguma coisa em seu passado? Há algo não resolvido em que você está jogando a culpa?

Questões não resolvidas da infância e da família geralmente contribuem para o hábito de jogar a culpa nos outros. Sim, você pode ter revirado os olhos e pensado: "Tenho 24/45/55 anos. Realmente preciso lidar com isso?" E a resposta é sim. Levamos isso conosco para os nossos relacionamentos íntimos e amizades da vida adulta. Suas questões precisam ser examinadas e resolvidas. Ao analisar as questões da infância ou problemas de relacionamentos anteriores, precisamos ter cuidado para não esperar que outras pessoas envolvidas assumam responsabilidade por seus atos. Nem sempre vamos obter a satisfação ou a resolução que acreditamos merecer. Muitas vezes as pessoas não pedem desculpas, mas isso não significa que seja certo jogar toda a culpa nelas. Quando fazemos isso, continuamos nos sentindo vítimas e mártires, o que nos impede de progredir e melhorar.

Além disso, acredito que algumas vezes as mulheres jogam a culpa nos outros porque têm raiva e não sabem como se expressar. Um jeito mais passivo de expressar essa raiva é jogando a culpa em outra pessoa. É mais silencioso e menos agressivo, mas, por dentro, a raiva está em fogo brando até ferver de vez. Quando o ato de atribuir a culpa se transforma em ataque aos outros, você não está criticando os erros de alguém, está gritando e se desesperando pelos atos de outra pessoa.

(Só um adendo: se você deseja que alguém a ouça, entenda o seu ponto de vista e melhore o relacionamento de vocês, atacar não é o ideal. Se você perde a linha, ninguém diz: "Sim! Estou feliz por você estar gritando comigo. Agora estou confortável para ouvir seu feedback e fazer as mudanças que você espera.")

Contudo, eu realmente penso que a raiva tem seu lugar. A maioria das mulheres com quem falo não gosta dela. Algumas dizem que tiveram um pai, ou mãe, que ficava furioso, e elas se assustavam com isso; outras contam que tinham medo da própria raiva, porque

O JOGO DA CULPA

se sentiam fora de controle quando ela surgia, e muitas admitiram ter aprendido a jogá-la para baixo do tapete.

Por exemplo, eu tinha uma cliente, Miranda, cujo marido teve um caso. Eles se reconciliaram e ela tentava navegar pelos próprios sentimentos. Estava claro que ela tinha dificuldade com o que sentia em relação à outra mulher, mas não tinha expressado essas emoções. Eu lhe passei a tarefa de escrever uma carta para a outra mulher, sem intenção de mandá-la. Queria que ela escrevesse sem editar, sem censura, liberando toda a raiva contida. Pedi que pusesse uma senha para não haver risco de outra pessoa ler o texto.

Depois, ela me disse que havia ficado surpresa com o que escrevera, pois não percebeu que estava com tanta raiva e odiava tanto a outra mulher. Liberar isso tudo foi terapêutico, útil e abriu os olhos dela para o início da cura.

A questão é que sua raiva é válida, precisa ser posta para fora, e isso não vai matá-la. Se ela não for expressa, vai acabar encontrando uma saída. Use a raiva como informação sobre o que está acontecendo. Em geral, esse sentimento surge quando você está magoada e com medo. Mergulhe mais fundo e pergunte a si mesma o que realmente está acontecendo. Pode ser algo simples, como notar a raiva e se perguntar o que a magoou. De que ou de quem você está com raiva? O que está deixando você com raiva neste caso específico? Essa informação vai ajudá-la a tirar conclusões sobre os seus valores (Capítulo 15), a descobrir se é preciso estabelecer limites e se você precisa assumir responsabilidade por algo.

Pergunte a si mesma o que você está tolerando

Você se lembra do exemplo que dei sobre o meu antigo relacionamento? Naquela época, eu não queria olhar para mim mesma. Se tivesse mergulhado mais fundo, dado uma pausa no hábito de jogar a culpa nos outros e admitisse a magnitude do problema, eu teria decidido ir embora. Metade do problema estava nas minhas questões que nunca vieram à tona, muito menos foram resolvidas.

Talvez lá no fundo eu soubesse que ir embora era a única forma de salvar minha alma, mas em vez de refletir e tomar essa decisão dolorosa, joguei a culpa em meu marido. Era uma forma de esperar que ele mudasse e resolvesse nossos problemas. Passando a responsabilidade para ele, eu poderia continuar culpando-o, porque o relacionamento não melhorava. Em outras palavras, eu estava tolerando um relacionamento que já tinha acabado havia tempos e tinha medo demais para ir embora.

Então, o que você está tolerando? O que está aturando em sua vida? Em qual área você está botando a culpa em alguém em vez de estabelecer um limite ou ir embora de uma vez por todas?

Foco na solução

Quando jogamos a culpa em alguém, focalizamos o problema. Tenho certeza de que você quer uma solução (e, se não quiser, a conversa muda totalmente), então, quando você fizer o jogo da culpa, pergunte a si mesma: "Qual é a solução possível aqui?" Muitas vezes a solução envolve aquela maldita vulnerabilidade de novo.

A solução pode incluir uma conversa difícil, estabelecer um limite, abandonar um relacionamento, analisar suas questões, sentir seus próprios sentimentos; você já entendeu. Provavelmente, não é algo que você esteja ansiosa para inserir na lista de tarefas a cumprir, mas é necessário.

Interromper o hábito de jogar a culpa nos outros e assumir o controle da própria felicidade exige coragem e enorme maturidade. Tente se lembrar que pôr a culpa em alguém impede a conexão com os outros e, portanto, afasta você do contentamento e da realização. Mas corrigir o rumo e assumir a responsabilidade sobre seus atos certamente vai deixá-la mais perto de ser uma pessoa melhor.

O JOGO DA CULPA

Faça a si mesma as perguntas difíceis:

- De que forma você não está ouvindo as pessoas? Em outras palavras, as pessoas tentam sensibilizá-la enquanto você diz como elas poderiam melhorar?

- Há algo em sua vida que você precisa analisar? Algo não resolvido pelo qual você está culpando alguém?

- Você tem raiva reprimida? Se tem, qual "calo" seu foi pisado para deixá-la com tanta raiva? Qual seria a forma saudável de lidar com isso?

- Há algo que você esteja tolerando e precisa estabelecer um limite ou ir embora de vez? Se sim, o que vai fazer em relação a isso?

CAPÍTULO 13

A mentalidade do "estou pouco me f*dendo": cinismo anabolizado

Está acontecendo alguma coisa hoje em dia, você já deve ter notado. Não é uma nova DST, mas é quase tão perigoso quanto. O que está acontecendo por aí são publicações motivacionais nas redes sociais e artigos de autoajuda ensinando a não se importar com o que os outros pensam e todo esse conceito de "ligar o foda-se". A hashtag #nemligo está em toda parte, e parece que essa é a atitude do momento.

O que acontece quando alguém faz isso? O que ocorre quando uma mulher leva esse conselho a sério e o põe em prática na vida?

A pessoa que está pouco se fodendo tem uma fachada de força: ela afastou as pessoas e fez todos acreditarem que não se importa com nada ou com ninguém. Parece um ótimo jeito de viver, certo? Especialmente porque ela já se magoou antes e acredita que se assumir essa mentalidade do "estou pouco me fodendo" vai se proteger e não se magoar de novo. É como se ela cultivasse esse hábito com orgulho. Viva a hiperindependência!

Por exemplo, talvez ela enfrente um fim de relacionamento ou divórcio e a situação esteja difícil. Quando as amigas perguntam como ela está, em vez de se abrir e falar que está sofrendo, ela diz: "Não estou nem aí para ele... Estou pouco me fodendo!"

Ou talvez ela divulgue a arte que faz na internet e seja criticada. Alguém a esculhamba, dizendo que ela não tem talento. Ou ela

COMO PARAR DE SE SENTIR UMA M✱RDA

recebe uma bronca no trabalho durante uma reunião. Em vez de falar para as amigas que ficou chateada, ela convence todo mundo de que está bem e de que essas críticas são idiotas, pois ela realmente não se importa.

Amigos bem-intencionados podem estimular isso, colocando lenha na fogueira. Quando o bicho pega, eles dizem coisas como: "Ah, querida, não ligue para o que essas pessoas falam! Elas não importam! O que vem de baixo não te atinge!"

O problema é que essas mulheres *realmente* se importam, e ficam muito magoadas. Os fins de relacionamento doem, o coração delas está partido e elas se sentem horríveis. Elas gastam muito tempo e energia não só tentando não se importar, como tentando convencer a todos, inclusive a si mesmas, de que não se importam. É exaustivo!

Mas... Essa mentalidade do "estou pouco me fodendo" é mesmo tão ruim assim?

Vamos voltar um pouco. Você pode achar que estou pegando pesado demais com essas quatro palavrinhas. A mentalidade do "estou pouco me fodendo" não é *totalmente* ruim, em nível superficial. Veja um exemplo: *agarre a vida pelos chifres e corra atrás dos seus sonhos. Não deixe ninguém atrapalhá-la. Não deixe o medo de julgamentos, críticas e da opinião alheia botá-la para baixo. Quem odeia, vai continuar odiando, não importa o que você faça.*

É um sentimento incrível, certo? Eu consigo entender isso e dar um soquinho no ar de empolgação. Outras pessoas podem falar muita bobagem e criticar nossas ideias, opiniões, objetivos e sonhos, então, o melhor é mesmo estar pouco se fodendo.

Contudo, essa mentalidade tem cheiro de pensamento binário: ou nos importamos com o que *todos* pensam a nosso respeito ou não nos importamos com *nada*. E em uma cultura de tudo ou nada, esse hábito vem com força.

Não é um comportamento saudável desconsiderar *completamente* o que todos pensam e a opinião alheia. Isso vai totalmente contra as normas sociais. Há um nome para as pessoas que estão pouco se fodendo de verdade.

Elas se chamam sociopatas.

A MENTALIDADE DO "ESTOU POUCO ME F*DENDO"

Imagino que se você está lendo isso, não é uma delas (até porque a maioria dos sociopatas não se importa com autoajuda, pois estão ocupados demais sendo babacas sem saber). Brincadeiras à parte, as únicas pessoas que realmente não se importam com as outras têm um transtorno mental e simplesmente não têm capacidade de obter a verdadeira conexão humana.

QUAL É O MEIO-TERMO?

Vamos começar com o que parece confundir as pessoas. Elas ouvem "não se importe com o que pensam de você" ou "adote o 'estou pouco me fodendo'", e isso parece um objetivo imenso e grandioso. Muitas de nós passam a maior parte da vida se importando *muito* com o que os outros pensam. Baseamos nosso comportamento, nossas decisões, nossos pensamentos e quase tudo no que dizemos a nós mesmas que os outros pensam (observe que eu disse "no que dizemos a nós mesmas", pois na maior parte do tempo não sabemos realmente o que as pessoas estão pensando). Nós nos preocupamos com o que os outros vão dizer se fizermos algo que realmente queremos, mas que está fora da nossa zona de conforto. Acho que a maioria das pessoas sabe como é essa sensação.

Então, como encontrar o meio-termo? Você pode enxergar isso como um espectro. De um lado estão os loucos, que não se importam, *de forma alguma*, com nada ou ninguém. As pessoas que de fato estão pouco se fodendo. Para ser sincera, a maioria, provavelmente, é composta por assassinos em série ou chefões do tráfico, ou seja, não são pessoas com quem você convive no dia a dia.

Do outro lado do espectro estão as pessoas que estão muito se fodendo (talvez fosse um bom nome para um serviço de acompanhantes, não?). A maioria das pessoas está nesse lado. Elas se importam excessivamente com o que os outros pensam, ficam paralisadas pelo medo e pela indecisão e saem por aí tentando agradar os outros, buscando aprovação e se estressando.

(Se você está agindo assim e se sentindo mal por isso, preste atenção. Em nível biológico, nós queremos fazer parte de algo. Queremos saber se as pessoas ao redor gostam de nós e nos aprovam. Leia o Capítulo 7 sobre agradar as pessoas para obter ajuda em relação a isso. Ainda há esperança para o seu caso!)

O meio-termo é onde todos nós deveríamos estar. Deve haver uma lista muito pequena de pessoas cuja opinião e feedback a seu respeito sejam os *únicos* conselhos que você realmente ouve e segue. Quantas vezes você já usou a frase: "Não posso fazer isso porque todo mundo vai pensar que sou idiota." *Todo mundo?* O cara que serviu café para você hoje de manhã na padaria? Toda a população da Lituânia? Precisamos deixar o mundo menor quando se trata de ouvir as opiniões alheias.

Quanto à minha experiência pessoal, eu me importo com o que o meu marido pensa sobre a criação dos nossos filhos. Como fazemos isso juntos, preciso levar as opiniões dele em consideração. Posso não concordar com todas elas, mas eu me importo com o que ele acha de minhas opiniões. E estou interessada no que as colegas mais próximas pensam de minhas empreitadas profissionais. Elas me apoiam. Eu confio e preciso delas. Você pode imaginar o que aconteceria se eu *realmente* estivesse pouco me fodendo para tudo isso? Eu acabaria me isolando das pessoas que são importantes para mim. Eu não teria relacionamentos fortes, confiáveis e íntimos, que me servem de apoio. Eu estaria sozinha.

Contudo, há coisas para as quais estou pouco me fodendo: para o padrão social que diz que eu deveria "me comportar como uma dama", os dados estatísticos que dizem que a maioria das empresas fracassa nos primeiros cinco anos e para as críticas anônimas ao meu trabalho. Se eu me importasse demais com tudo isso, jamais teria corrido atrás dos meus sonhos. Eu passaria dia e noite preocupada com o que as pessoas, muitas delas desconhecidas, pensam a meu respeito. Você vê a diferença?

A MENTALIDADE DO "ESTOU POUCO ME F*DENDO"

ATÉ CELEBRIDADES FODÁSTICAS EVITAM
O "ESTOU POUCO ME FODENDO"

Quando a escritora Glennon Doyle Melton saiu em turnê para promover *Somos guerreiras: uma história de dor, amor e autodesco-berta*, ela foi entrevistada pela comediante e apresentadora Chelsea Handler. Quem conhece Chelsea provavelmente supõe que ela é uma mulher que está pouco se fodendo para tudo. Ela é franca, sempre fala o que pensa e, aparentemente, não se importa em ser inadequada de vez em quando.

Durante a conversa, Chelsea pegou um trecho específico do livro de Glennon: "'Glennon estava pouco se fodendo' [disse o ex-namorado dela]. Ela entendeu que aquele era o elogio máximo que alguém poderia fazer a uma mulher. E também entendeu que não era um elogio, pois qualquer mulher que está pouco se fo-dendo está simplesmente vendendo a própria alma para seguir as regras. Nenhuma mulher do mundo está pouco se fodendo de verdade. Nenhuma mulher é tão descolada assim. Ela está apenas se escondendo."

Chelsea leu esse trecho em voz alta e disse a Glennon: "É ver-dade, porque as pessoas dizem isso *o tempo todo* a meu respeito: 'Chelsea, você está pouco se fodendo.' Claro que não é isso! Eu me importo. Eu tento estar pouco me fodendo o tempo inteiro. Isso cansa. É preciso continuar, pois é o que todos esperam, mas eu realmente me importo, como todo mundo."

Quase caí da cadeira quando ouvi essa entrevista. Chelsea Han-dler, uma mulher que parece não ligar para o que os outros pensam, admite que se importa, sim. Uma mulher a quem a maioria das pessoas atribui algum gene especial que lhe permite não se importar com o que os outros pensam diz que está exausta de tentar não se importar. Então, moças, as cartas estão na mesa. Vamos aprender a resolver isso e encontrar o meio-termo.

COMO RESOLVER ISSO?

Eu me lembro de quando voltei a escrever em 2008, após 12 anos. Primeiro, escrevi com uma espécie de despreocupação imprudente, sem pensar que alguém leria. Aí as pessoas começaram a ler e a dizer que gostaram. Com o tempo, algumas pessoas leram meu blog, e *não* gostaram. Elas discordavam das minhas ideias, não gostavam do meu estilo de escrita e criticavam minha gramática. Algumas me xingavam e, basicamente, me deixavam mal. Das milhares de pessoas que gostavam do meu trabalho, talvez cinco tenham detestado.

Ler as críticas e os julgamentos desse punhado de gente me fez querer desistir. Eu me importava demais com o que os outros pensavam. Não conseguia suportar a opinião negativa, mesmo sendo de poucas pessoas. Pareciam ser milhões. Então pedi ajuda a quem já havia passado por isso.

Perguntei a outras blogueiras: "Como você continua a divulgar seu trabalho quando é criticada?" O conselho que mais ouvi foi: "É impossível não se importar. Você não pode levar para o lado pessoal, basta deixar as palavras baterem e voltarem. Aprenda a rir disso e não se importar."

Err... Tudo bem.

Como, como, como você faz isso? Quando perguntei, fui recebida com um dar de ombros e a resposta: "Você se esforça para não se importar." O QUÊ?!

Quer dizer, quem consegue isso? Quem põe um trabalho no mundo, cheia de sorrisos e orgulho do que criou, para ser recebida por gente má, que joga tomates podres em você tranquilamente?

Senti que havia algo errado comigo, porque eu *realmente* me importava. Eu me achava sensível demais. Talvez eu não fosse feita para pôr meu trabalho no mundo. Essas outras autoras que me aconselharam a não levar para o lado pessoal tinham algum chip no cérebro que eu não tinha. Ah, como eu queria, desesperadamente, não me importar. Queria ser uma dessas pessoas que estão pouco se fodendo. Mas como?

A MENTALIDADE DO "ESTOU POUCO ME F*DENDO"

Após muitos anos e conversas com outras pessoas que expõem suas opiniões, ideias e trabalhos ao mundo, cheguei ao cerne da questão. A maioria das pessoas *realmente* se importa com o que os outros pensam. Elas são como eu: sentem a pontada inicial da crítica e do julgamento alheio e precisam trabalhar, prestar atenção e ser intencionais em seus sentimentos. Em outras palavras, elas sabem que o feedback recebido as magoa e conseguem separar isso de quem elas são como pessoas. As palavras danosas dos outros não definem quem elas são.

> Elas sabem que o feedback recebido as magoa e conseguem separar isso de quem elas são como pessoas. As palavras danosas dos outros não definem quem elas são.

E você, minha querida e rebelde leitora, tem o poder de conhecer e viver o equilíbrio entre pouco se foder para a opinião alheia, que não deve importar para você, e levar em conta a opinião das pessoas que realmente importam.

A caixa de 2,5 por 2,5 centímetros

Durante o treinamento para ser facilitadora do Daring Way®, fiz o exercício de desenhar uma caixa de 2,5 por 2,5 centímetros em um pedaço de papel e escrever nela os nomes das pessoas cujo feedback é importante para nós. Algumas pessoas exclamaram: "Preciso de mais espaço para listar todo mundo!" Querida, se você precisa de mais de 2,5 centímetros quadrados, tem que reduzir sua lista. Esse exercício vai mostrar o quanto você se apega à ideia de que a opinião e o feedback alheios realmente importam. A seguir, vemos uma caixa de 2,5 por 2,5 centímetros e eu a convido a pegar uma caneta ou lápis e escrever alguns nomes nela.

Essa breve lista de pessoas tem indivíduos que se importam se você arrasa ou fracassa. Eles a amam porque você é humana, estão presentes quando você precisa e são confiáveis. É gente que tem você no coração.

Pessoas que são mais felizes sabem quem está em sua caixa de 2,5 por 2,5 centímetros e conseguem se livrar do ferrão da crítica de pessoas de fora da caixa.

Embora seja bom se controlar, às vezes você não consegue evitar e recebe um feedback ou escuta opiniões sobre sua vida de quem gosta de dizer que você está agindo ou vivendo errado — seja em relação à forma de cuidar dos seus filhos, agir como esposa ou trabalhar. Como citei no Capítulo 7, essas opiniões e críticas estão ativando seus gatilhos, *mas agora* você pode fazer um inventário rápido e ver se a pessoa que rosna ofensas a você está em sua caixa. Sinta-se à vontade para dizer "Você não está na minha caixa!" e veja o olhar confuso no rosto dela enquanto pede licença e vai embora.

E as pessoas em sua caixa com cujas opiniões você *realmente* se importa? Como devemos levar a opinião delas em conta e sem deixar isso ditar como nos sentimos em relação a nós mesmas no geral? No meu caso, posso ouvir o que meu marido e minhas amigas íntimas pensam das minhas decisões e comportamentos, superar o medo e aceitar o feedback. Às vezes, eles *realmente* têm ótimas observações, que posso usar para melhorar.

Veja o que não é feedback: se eu pegar o que eles falaram e deixar a crítica interior dizer que estou errada, sou idiota, e deveria mudar tudo em mim. Esse tipo de reação mostra que preciso trabalhar muito no meu discurso interno (veja o Capítulo 1). Quando você conseguir saber a diferença, será incrível para você e seus relacionamentos.

A MENTALIDADE DO "ESTOU POUCO ME F*DENDO"

Faça um inventário

Pense em que situações da sua vida você está se importando demais com que os outros pensam. Talvez seja em relação à sua carreira, seu corpo ou seus objetivos para o futuro. Alguém pode ter lhe dito algo prejudicial sobre uma ou mais dessas áreas, que ativou um gatilho e fez o pêndulo ir para o outro lado, levando--a a construir muros ao redor de si e assumir a mentalidade de estar pouco se fodendo. Calma, amiga. Só porque alguém deu um feedback ruim ou a insultou, não significa que se fechar para o mundo vai resolver esse problema. Não vai fazer doer menos nem impedir que isso se repita. Apenas significa que você se fechou para o mundo e nada pode entrar, nem o que é bom. E eu sei que não é isso o que você quer.

Seja clara

O que você está dizendo a si mesma que vai acontecer se as pessoas souberem que você *realmente* se importa com pontos específicos da vida sobre os quais pensa que "não deveria" se importar? Por exemplo, digamos que você está terminando um relacionamento amoroso com uma pessoa totalmente cretina. Quase todo mundo vai ficar feliz quando tudo acabar, para não ter que vê-la sofrendo de novo. Você põe uma fachada de que também está feliz por ter terminado e proclama seu ódio pelo(a) ex.

Mas... Você está de luto. Ainda há uma parte sua que está vivendo as emoções humanas naturais de tristeza e perda que geralmente acompanham fins de relacionamento. Talvez você esteja pensando: "Se as pessoas souberem como realmente me sinto, vão pensar que sou masoquista, fraca e idiota." Então você guarda tudo para si e finge que não se importa.

O que você pode fazer é contar para uma testemunha misericordiosa e confiável que aquele relacionamento não era o mais saudável do mundo, que tem certeza de que ter terminado foi realmente a melhor solução possível, mas ainda está sofrendo. Pratique a vulnerabilidade nesses momentos, expressando também que partilhar essa sensação é assustador e você tem medo de _____ (preencha a lacuna).

Encontre o meio-termo

Assim como você listou as pessoas que podem lhe dar feedbacks que realmente importam, pegue um pedaço de papel ou seu diário e escreva os nomes de pessoas ou grupos de pessoas cujas opiniões, julgamentos e críticas *não* importam. Geralmente isso inclui críticas anônimas, sua crítica interior ou pessoas que dão feedbacks não solicitados, dos quais você não precisa (nem pediu). Essa lista pode incluir seus amigos, colegas de trabalho, vizinhos e conhecidos, mas se todas as pessoas estiverem em sua caixa, você volta à categoria de se importar demais. Quando fizer esse exercício, pode surgir a questão: "E se minha mãe estiver na lista de pessoas com cujas opiniões eu não me importo?" Tudo bem, sem problemas! Não vou contar a ninguém, prometo. Só porque são seus parentes, não significa que eles, automaticamente, devam estar em sua caixa. Se você não confia na opinião dessas pessoas, é porque elas não merecem.

Se você mantiver o foco na primeira lista, que é menor, e fizer o melhor para abstrair o ruído das outras pessoas, vai encontrar o meio-termo.

Caso você esteja forçando uma fachada de que não se importa, recomendo pensar em seu primeiro passo, que é derrubar esse muro. Tenho 100 por cento de certeza que essa atitude reservada não está lhe ajudando a lidar com a questão ou a se curar. Na verdade está fazendo você empacar, deixando-a pior. Não só você está tentando fazer o impossível (afastar sentimentos que existem), como está convencendo as pessoas de que não precisa delas. E você precisa. Precisa muito, por sinal.

A MENTALIDADE DO "ESTOU POUCO ME F*DENDO"

Faça a si mesma as perguntas difíceis:

- O que você sente que está alcançando ao fingir que está "pouco se fodendo"? Em outras palavras, do que você pensa que está se protegendo ou como acha que isso está melhorando sua vida?

- Quando recebe um feedback que a magoa, você leva para o lado pessoal? Se sim, como pode evitar isso?

- Há alguma área especifica da vida com a qual você esteja se importando demais? Por quê?

- Há algo com que você se importa muito e esteja se julgando por se importar? Ou sobre o que você tema que os outros a estejam julgando? Se sim, como você pode lidar com isso?

- Quem estaria em sua caixa de 2,5 por 2,5 centímetros? Quem você precisaria deixar de fora?

CAPÍTULO 14

Ninguém gosta de uma preguiçosa: a desvantagem de ir além das expectativas

Deixe-me ser bem clara: eu adoro conquistas. Adoro definir metas, alcançá-las, celebrar a vitória e escolher novos objetivos. Adoro riscar itens da minha lista de tarefas, e quando me vejo fazendo algo que não planejei e que não estava na lista, acrescento, só para me deleitar com os risquinhos (não sou a única a fazer isso, certo?).

Quando falamos sobre ir *além* das expectativas não estamos falando da rotina normal do dia a dia. Ir além das expectativas é fazer das suas conquistas quem você é. É basear a autoestima no quanto você conquista, e se faz isso bem.

Ir além das expectativas lembra o perfeccionismo, mas é outro monstro específico e sorrateiro. Quem vai além das expectativas acredita nesta ideia: "Eu sou minhas conquistas. Se conseguir fazer mais, conquistar todos os objetivos, ser tão produtiva quanto for humanamente possível e garantir que todos saibam disso, posso evitar críticas, julgamentos e rejeição. Toda a minha autoestima se baseia no que conquisto e em como as pessoas me percebem em relação a essas conquistas." Quem vai além das expectativas só pensa naquilo: conquistas = segurança e amor.

Esta é Susan, médica de 41 anos e mãe de três filhos:

COMO PARAR DE SE SENTIR UMA M✳RDA

Sempre fui além das expectativas. Na infância, eu era a queridinha da professora todo ano. Fazia todas as tarefas no fim de semana (e até pedia mais a minha mãe para ser melhor que o meu irmão, que reclamava de tudo). Fui oradora da turma no ensino médio, fiz seis atividades extracurriculares na escola e me formei em uma faculdade de medicina altamente conceituada. Eu sempre buscava formas de ser melhor do que a pessoa que fui no dia anterior e do que todo mundo.

Apenas quando estava com 40 anos e à beira de um colapso nervoso percebi que fazia tudo isso porque não me considerava uma pessoa boa ou digna, a menos que tivesse feito o máximo humanamente possível. Eu me transformei nas minhas conquistas, e não sabia quem eu era sem elas.

A história de Susan é bastante comum. Talvez os detalhes sejam diferentes dos seus, mas a parte que quero enfatizar é: "Eu não me considerava uma pessoa boa ou digna, a menos que tivesse feito o máximo humanamente possível. Eu me transformei nas minhas conquistas, e não sabia quem eu era sem elas."

Quem vai além das expectativas coloca todos os ovos no cesto das conquistas. Como elas tendem a ser *muito* boas em realizar tarefas, acabam sendo recompensadas, mas ao longo do tempo isso fica menos satisfatório. Como uma "droga", elas precisam de mais, e a recompensa que sentem por fazer tudo parece não fazer mais efeito.

Quem vai além das expectativas tende a ser ansiosa na maior parte do tempo. Elas nunca estão presentes para as pessoas com quem convivem ou mesmo o projeto em que trabalham. Estão constantemente pensando no próximo item da lista a cumprir. Por exemplo, se uma pessoa que vai além das expectativas acabou de ser pedida em casamento, ela já está pensando na cerimônia, mas o amor e a alegria que ela sente ao estar na frente do(a) noivo(a) não aparecem, em momento algum. A gota d'água para Susan foi quando percebeu que sua agenda diária era tão exigente que ela fazia o trabalho de três pessoas:

NINGUÉM GOSTA DE UMA PREGUIÇOSA

Eu me levantava às 4 ou 4h30, fazia ginástica, colocava os e-
-mails em dia e realizava algumas tarefas domésticas antes
de meus filhos e meu marido acordarem. Depois, ajudava as
crianças a se arrumarem, mandava todos para a escola e tinha
um dia cheio de pacientes. Aí eu corria para alguma atividade
extracurricular dos meus filhos, voltava para casa e fazia o jantar
(geralmente uma refeição congelada, porque eu tinha passado
o domingo inteiro fazendo compras e preparando as refeições
da semana). Depois, ajudava as crianças com os deveres de
casa, lavava roupa, trabalhava um pouco e caía na cama, por
volta das 23 horas ou da meia-noite. Eu estava exausta, e vivia
à base de cafeína e adrenalina o dia inteiro. Queria fazer tudo,
e me gabava disso. Eu me sentia superior dizendo as pessoas o
quanto andava ocupada.

A imensa desvantagem

Karen é uma australiana de 27 anos. Do mesmo modo que Susan,
ela se viu diante de um colapso mental causado pelo fato de ir além
das expectativas:

> Nunca me ocorreu que ir além das expectativas era um pro-
> blema (ou a causa da minha imensa ansiedade). Era algo in-
> vejado e que me dava orgulho, mas me levou a um transtorno
> alimentar, além de ansiedade e depressão graves. E afetou meus
> relacionamentos, porque minhas expectativas em relação aos
> outros eram absurdamente altas (impossíveis de alcançar, na
> verdade) e eu nunca entendia por que os outros não trabalha-
> vam tão arduamente quanto eu. Eu sempre atribuía essa "falta
> de esforço" ao fato de eles não se importarem comigo... Então,
> eu simplesmente saia desses relacionamentos.

Muitas pessoas que vão além das expectativas exigem muito de si
mesmas e de todos ao seu redor. Elas não conseguem compreender

por que as pessoas não se esforçam tanto quanto elas, sentem que os outros as irritam de propósito e geralmente se decepcionam. Como você pode imaginar, essas atitudes podem causar imensos conflitos em relacionamentos.

Não só isso, quem vai além das expectativas consegue se envolver em tantas tarefas ao mesmo tempo que acaba perdendo o foco. Quando você perde o foco, não é tão produtiva quanto poderia, e há mais margem para erro. Odeio jogar água no seu chope, mas vários estudos mostram que ser multitarefa diminui a produtividade. Sabe todas essas bolinhas com as quais você está fazendo malabarismo? Uma hora elas vão cair.

Os dois maiores problemas relatados por pessoas que vão além das expectativas são ansiedade e insônia. Ansiedade é a preocupação constante por não estar fazendo o suficiente, o medo do que os outros vão pensar (ver Capítulo 7) e viver no futuro o tempo todo. Quanto à insônia, não é óbvio? Você perde o sono devido ao imenso elefante que convidou para dormir no seu peito, que é tão grande que está esmagando seu rosto.

DE ONDE VEM ISSO?

Você pode pensar que simplesmente nasceu assim. Embora Lady Gaga cante isso naquela música de sucesso, ir além das expectativas não entra nessa categoria. Karen, cuja história você conheceu anteriormente, diz:

> Na infância, eu ia além das expectativas em praticamente tudo, desde a limpeza do meu quarto até ser a primeira da turma na escola e ser a pessoa mais legal. Depois, passou para meu trabalho como advogada, e quando isso não era o bastante, voltou-se para minha alimentação e minha rotina de exercícios físicos.
>
> Acho que isso se desenvolveu como forma de evitar críticas da minha mãe, que era imensamente reativa e bebia muito durante minha infância, então eu passava muito tempo fazendo de

NINGUÉM GOSTA DE UMA PREGUIÇOSA

tudo para não deixá-la com raiva. E também tentava conquistar a atenção e a aprovação do meu pai (o ditado favorito dele era "Se você não é o primeiro, é o último"). Ele sempre falava o quanto eu era inteligente, e eu sentia uma imensa pressão para não decepcioná-lo, mas vivia nesse estado de ansiedade, acreditando que em algum momento ele — e todo mundo — ia perceber que eu não era tão inteligente assim.

Talvez seus pais fossem do tipo que vai muito além das expectativas e a exigência de seguir esse comportamento estivesse implícita. Talvez você tenha tido uma "mãe leoa", com alto nível de exigência, que só elogiava quando você realmente ia além das expectativas. Ou talvez você seja como Karen, com um pai, ou uma mãe, negativo, cuja atenção você sentia que sempre precisava conseguir. Independentemente das circunstâncias, às vezes é útil entender de onde veio esse comportamento, não para pegar o telefone e gritar com seus pais, e sim para ver o quadro geral e tentar mudar as crenças criadas em relação a conquistas.

Mas talvez isso não seja tão óbvio assim. Há uma boa chance de seus pais nunca a terem pressionado demais ou de você nunca ter sentido que precisava conquistar a atenção e o amor do seu pai ou da sua mãe por meio de suas conquistas. Pode ser apenas algo que você criou em sua mente ao longo dos anos porque se sentia segura indo além das expectativas. Talvez você tenha observado os elogios que recebia ao conquistar algo, gostado e ficado com gostinho de quero mais.

COMO RESOLVER ISSO?

Estou prestes a dizer algo que pode surpreendê-la. Se você vai além das expectativas, eu não necessariamente quero que você faça menos. Não vou pedir para você pôr um máximo de seis itens em sua lista de tarefas ou dizer: "Você precisa pegar leve, caramba." Também não vou pedir para você não verificar seu e-mail assim

COMO PARAR DE SE SENTIR UMA M✱RDA

que acorda. Você gosta de realizar tarefas, isso provavelmente virou parte de sua personalidade. Contudo, precisamos ter uma conversa sobre isso. Você ainda pode fazer tudo o que quiser, mas gostaria que analisasse com profundidade essa questão. Aqui estão alguns pontos a se pensar:

1. **Em primeiro lugar, sua saúde física.** Você está dormindo bem? Tem ansiedade crônica? Síndrome do intestino irritável? Sim, alguns desses problemas podem ser causados por outros fatores em sua vida, mas aposto todo o dinheiro da Oprah que se você tiver alguns problemas de saúde e costuma ir além das expectativas, esse hábito (além do perfeccionismo e de buscar a aprovação alheia, talvez com uma pitada de comportamento controlador e síndrome da impostora para variar) é uma das principais causas. O corpo humano não foi feito para funcionar pisando fundo no acelerador o tempo todo.

2. **Faça um inventário dos seus relacionamentos pessoais.** Seu cônjuge se sente desprezado devido à sua imensa lista de tarefas? Seus filhos também estão sentindo esse peso? Como está a situação no trabalho? Você está pensando que, no fim das contas, "quem morre com mais conquistas, vence"? Lembre-se disso: "Quem morre após trabalhar arduamente nos relacionamentos pessoais e amar com todo o coração e alma, vence." Viu a *enorme diferença*?

3. **Veja o que é possível fazer para cuidar da sua saúde emocional.** Pegue qualquer livro de autoajuda e nele você vai ler que o antídoto para usar conquistas e produtividade como forma de alimentar a autoestima é descansar, se acalmar e se divertir. Não vou dizer algo diferente, *mas* como eu a conheço, vou especificar essas instruções. Eu gostaria que você ouvisse por um minuto, porque tenho a sensação que conheço a verdade nua e crua sobre o motivo de você se recusar a desacelerar e não ser escrava de todas as tarefas que está realizando.

NINGUÉM GOSTA DE UMA PREGUIÇOSA

Desacelere, descanse e analise

Como acontece com outros hábitos deste livro, quando você vai além das expectativas, evita encarar as merdas que acontecem em sua vida e que precisam ser analisadas. Por exemplo, talvez seu casamento esteja com problemas. Em vez de ter aquela conversa difícil com seu cônjuge, ir para a terapia sozinha ou de casal, ou, mesmo, se separar, você vai além das expectativas. Assim você se distrai, põe toda a energia na sua lista de tarefas e se sente melhor consigo mesma, temporariamente.

Infelizmente, tudo o que você joga para baixo do tapete a está esperando, e provavelmente vai piorar quanto mais você demorar para lidar com aquilo.

Ficar quieta, desacelerar e descansar, provavelmente, vai fazer você pensar no que talvez não esteja indo bem em sua vida e sentir todos os sentimentos em relação a isso. Se você é do tipo clássico, que vai além das expectativas, está evitando isso mais do que coxinha de rodoviária.

A maioria das pessoas que vai além das expectativas pira quando desacelera, e para elas descansar é como morrer. Se você é assim, recomendo experimentar. Não estou dizendo para passar uma hora meditando ou tirar o dia inteiro de folga. Peço, apenas, que questione o que está evitando ao não querer ficar parada. Na superfície, você pode dizer que não deseja abandonar a sua lista de tarefas, mas, amiga, você não me engana. O que você está *realmente* evitando? Se tiver coragem, pegue seu diário e responda essa pergunta.

Aceite os fracassos

"Sempre que uma pessoa que vai além das expectativas fracassa, um cachorrinho morre."

Talvez essa frase esteja pendurada em sua sala ou escritório. Se você é do tipo que vai além das expectativas, considera o fracasso

COMO PARAR DE SE SENTIR UMA M✳RDA

como representação pessoal de si. Então fracassar significa "eu sou um fracasso".

Quero que você saiba algo e entenda isso em seu âmago. Meu desejo é que você continue arrasando em tudo que faz, pois você é boa nisso. Ao mesmo tempo, quero que saiba e acredite que o fracasso deve ser aceito como parte do processo de se tornar uma pessoa melhor. Talvez o fracasso seja uma palavra terrível porque culturalmente nós lhe atribuímos um significado que não tem. Sem fracasso, não há aprendizado, aperfeiçoamento, criatividade ou mudança. Os líderes mais inteligentes, inovadores e fodásticos fracassaram e vão continuar fracassando. Se precisar, lembre--se todos os dias: se você parar de cometer erros, terá parado de aprender e de crescer.

Quero que você saiba e acredite que o fracasso
deve ser aceito como parte do processo
de se tornar uma pessoa melhor.

Quando você fracassar, tenha o objetivo de fracassar bem. Deixe doer (porque é quase certo que vai doer mesmo), observe seu diálogo interno, reconheça que o fracasso é fundamental para o aperfeiçoamento e, o mais rápido possível, olhe conscientemente para o que aprendeu com esse fracasso. Ao fazer isso, espero que você possa seguir em frente e parar de ver o fracasso como algo a ser evitado e aceitá-lo como parte necessária para se transformar numa versão mais incrível de si mesma.

Com quem você está competindo?

Como alguém que vai além das expectativas, você acaba competindo com os outros. Penso que algumas pessoas nascem competitivas, e às vezes isso pode levá-la a um festival de tentar superar expectativas. Querer ser a melhor, somado à vontade de derrotar uma pessoa específica ou ser a primeira em um grupo, pode levá-la a fazer mais do que consegue suportar. Isso pode acontecer muito se você trabalha na área de vendas ou ganha por comissão, casos em que é, literalmente, seu trabalho ser a melhor e fazer o máximo. Conheça seus limites. Pode parecer lógico, mas o hábito de ir além das expectativas, aliado a um emprego que estimula e se baseia nisso, pode ser o equivalente a jogar gasolina em um incêndio. Você não pode mudar o que não reconhece, então questione se o que está acontecendo em sua carreira (ou outra área da sua vida em que ocorra competição) não a está atormentando.

Minha amiga Elizabeth foi a típica pessoa que vai além das expectativas a vida inteira e tem uma natureza competitiva. Isso lhe serviu muito bem até o dia que não funcionou mais e ela aprendeu a abandonar esse hábito:

Quando me dei conta de que estava correndo pela vida apenas para cumprir tarefas, finalmente me perguntei o que significa ser humana. Para onde eu estava indo? Na direção do que estava correndo? Qual era o prêmio? Vou contar um segredo: não existe prêmio!

Pensar nesses termos me ajuda imensamente. Sou competitiva por natureza (na maioria das vezes, comigo mesma), determinada e motivada a conquistar. Isso não é ruim. Mas quando faço uma pausa, respiro e lembro que não existe prêmio se eu for além das expectativas, isso me permite ver a falácia dessa ideia, desacelerar e me concentrar no que é mais importante — o meu bem-estar e a conexão com as pessoas de quem gosto, o que me deixa imensamente mais feliz e realizada.

O negócio é o seguinte: você é maravilhosa, com ou sem suas conquistas. Você, apenas você, sem todos os seus triunfos, ainda é magnífica. Quanto mais você conseguir tirar as camadas e enxergar que é ótima do jeito que é, mais vai saber que poderá dar a cara a

COMO PARAR DE SE SENTIR UMA M✳RDA

tapa no mundo sem querer ir além das expectativas de maneira crônica.

Faça a si mesma as perguntas difíceis:

- Se você se identificou com o hábito de ir além das expectativas, de onde acha que isso veio? O que você está disposta a fazer para mudar essas crenças?

- Como você acha que o hábito de ir além das expectativas está afetando sua vida?

- Lá no fundo, o que você está evitando ao não querer desacelerar e descansar?

- Como você se sente em relação ao fracasso? O que precisa fazer para mudar sua perspectiva em relação a isso?

- Você é uma pessoa competitiva? Se for, como isso é positivo e como é negativo em sua vida?

CAPÍTULO 15

Valores: conheça o GPS da sua vida

Se você chegou ao Capítulo 15, já vem riscando com sucesso hábitos em sua lista de "isso faz eu me sentir uma merda". A essa altura você deve estar se perguntando: "O que posso fazer para garantir que não repetirei esses comportamentos?" Quando estamos tão acostumadas a agir segundo um padrão e ter comportamentos como se esconder, ser perfeccionista, agradar, culpar e controlar, como saber o que precisamos fazer para nos sentir melhor e ter orgulho da mulher que somos? Você leu sobre várias ferramentas em cada capítulo, mas eu não poderia encerrar este livro sem mergulhar em algo muito importante: conhecer e honrar seus valores.

Valores não parecem algo muito sexy, então, se você estiver tentada a pular este capítulo, preste atenção: valores são do cacete! Quando você conhece seus valores, tem clareza sobre o que é importante em sua forma de viver. Pense neles como sua estrela-guia, bússola ou GPS. Você gosta de saber para onde vai e o que vai acontecer, não é? Ótimo, então estamos em sintonia, porque é exatamente isso o que seus valores vão lhe dizer.

Este capítulo é importante porque ensina a definir seus valores e identificar as escolhas e os comportamentos que os honram. Você também vai conseguir reconhecer os momentos em que teve problemas por se afastar dessas escolhas. Por fim, vai ser capaz

COMO PARAR DE SE SENTIR UMA M✳RDA

de selecionar as pessoas a quem pedir ajuda para voltar ao caminho certo. Por quê? Porque todo esse trabalho não importa se você não tiver clareza sobre quem você é, o que está buscando e como isso funciona no dia a dia.

Todo esse trabalho não importa se você não tiver clareza sobre quem você é, o que está buscando e como isso funciona no dia a dia.

Este livro inteiro vem falando de hábitos como comportamento controlador, perfeccionismo, isolamento e agradar as pessoas, certo? Aqui está o ponto: *quando você tem esses comportamentos, NÃO está honrando seus valores.* Simples assim. Tenho certeza de que você não dá valor a se matar em nome da perfeição ou dizer sim o tempo todo para merdas que não quer fazer. É importante não viver jogando a culpa em meio mundo (incluindo sua mãe) em vez de assumir responsabilidade pelo que é seu. Os valores são características que a fazem se sentir bem em relação a si mesma.

COMO ENCONTRAR SEUS VALORES

Quem não faz ideia de quais são seus valores geralmente se pergunta: "O que raios está errado comigo?" A resposta é: não há nada de errado com você. Em termos bem simples, você apenas não conhece os seus valores.

Ao longo dos anos descobri alguns pontos em comum ao trabalhar a questão dos valores com as mulheres. Pode ser complicado elaborar a lista dos seus valores, especialmente se for a primeira vez que você ouviu falar da importância deles. Darei alguns exemplos de valores comuns, mas antes gostaria que você pensasse um pouco para ter mais clareza sobre quais seriam os seus valores pessoais.

VALORES

Faça duas perguntas cruciais a si mesma e fique à vontade para escrever sobre elas em seu diário:

- O que é importante para você?
- O que é importante sobre a forma como você vive sua vida?

Por exemplo, se você acha importante se conectar com os outros em nível profundo e de modo consistente, mesmo se às vezes for desconfortável, então você, provavelmente, valoriza a conexão. Você tem algum tipo de devoção espiritual (que tem ou não praticado ultimamente)? Se for o caso, pode ser que você valorize a fé e a espiritualidade. Para você, é importante se conhecer em nível mais profundo e lutar para ser uma pessoa melhor? Se sim, então você pode ter o crescimento pessoal como valor.

Outra forma de destacar seus valores é um exercício chamado "experiência máxima". Pense em um momento da vida em que confiou em suas decisões e teve orgulho de quem você é, mesmo se foi por pouco tempo. O que você estava fazendo? O que estava por trás de suas decisões e comportamentos? Qual parte sua você mobilizou durante essa experiência?

Eis outro exemplo: talvez há alguns anos você estivesse se exercitando de modo consistente, andando na esteira, fazendo escolhas alimentares saudáveis e, como resultado, sentindo-se bem fisicamente. Os valores que você tira disso são saúde física e respeitar seu corpo. Você também pode querer explorar uma experiência máxima e procurar outros valores não tão óbvios que se escondem nela. Um valor oculto aqui pode ser a natureza. Talvez você se sinta melhor quando está ao ar livre ou talvez ache a solidão boa para sua alma. Não a solidão do tipo "vou me esconder o tempo todo", e sim vivenciar a quietude da natureza para reanimar o espírito e se sentir revigorada.

Um ponto importante que gostaria de frisar é que você pode ter um valor que não está honrando neste momento. Ele ainda pode ser importante para você e sua vida, mas talvez você não tenha as ferramentas, a coragem ou a consciência de honrá-lo. Vamos chamá-lo de "valor desejado". O importante aqui é observar sua crítica interior, que costuma aparecer e comentar se você está honrando seus valores ou não. Talvez todos os seus valores sejam desejados, tudo bem! Talvez você trabalhe a espiritualidade a maior parte do tempo, mas estão faltando coragem e conexão. O objetivo deste capítulo é descobrir os seus valores, para começar a praticá-los. O cuidado com o vão entre os valores que você deseja ter e sua vida real compõe a maior parte desse trabalho.

Mergulhe fundo

Para ajudá-la nessa jornada de encontrar seus valores aqui estão alguns valores comuns:

Coragem	Crescimento pessoal
Equilíbrio	Autenticidade
Criatividade	Diversão/Humor
Fé/Espiritualidade	Confiança
Servir/Retribuir	Liberdade
Integridade/Honestidade	Intuição
Saúde física	Aventura
Segurança	Justiça

Não tem o menor problema se você pegar esta lista e usá-la. Não é à toa que esses valores são os mais comuns.

Observação rápida: quando fizer sua lista, tente ficar longe de atividades ou objetos. Se a sua lista tem "romances clássicos" e você acha que esse é o seu valor, pense no que ler essas obras realmente acrescenta a você. É a criatividade que você realmente deseja? Você anseia pela paz e pela solidão que sente enquanto lê? Nesse trabalho, o que é importante para você não é o objeto em si, mas a sensação que ele proporciona.

Saiba que os seus valores podem variar de uma área específica da vida para outra. Por exemplo, os valores mais importantes da minha vida, no geral, são coragem, intuição e integridade. Contudo, na minha empresa, são liderança, impacto e servir. Se você realmente mergulhar nesse exercício, também poderá fazer uma lista curta para a criação de filhos, sua carreira e seu relacionamento. Tente não se sentir sobrecarregada por isso. Se você quiser deixá-la mais ampla, mais concentrada na vida em geral, está ótimo! Eu não espero que você ande por aí tendo cuidado com o vão dos valores o tempo todo. Você não precisa pensar constantemente em que parte especifica da vida está trabalhando. Essa é apenas uma forma de fazer um inventário sobre como você está dando a cara a tapa em sua vida e descobrir as áreas em que precisa trabalhar.

Obter clareza

Como sei que muitas das minhas queridas leitoras podem ter dificuldade com o perfeccionismo e o hábito de se preocupar com o que os outros pensam, este último exercício vai ajudá-la a descobrir se os seus valores são realmente seus. Se não for o caso, talvez você os tenha escolhido por achar que precisa ser de uma determinada forma.

Aqui está algo fundamental sobre os seus valores: eles pertencem a você e apenas a você. Eles não estão aqui para serem julgados, votados ou ridicularizados por outras pessoas. Jamais. Cuidado com o pensamento "Servir parece que deveria ser importante para mim. Vou escolher isso", quando na verdade não seria bom para você. Tudo bem. Não faça dessa lista um currículo para exibir todas as suas honradas virtudes. Ninguém está olhando por cima do seu ombro e a criticando.

Os valores mudam ao longo do tempo, e evoluem, junto com a vida, então, mantenha-se aberta. Se algo não é importante para você neste momento, não significa que não será importante no futuro.

COMO DEFINIR VALORES NA VIDA REAL

Assim como batizar um bebê, definir nossos valores é apenas parte da solução. Nesta seção vamos aprender a fazer o trabalho real: criar e cuidar de nossas crianças (e valores). Agora, vamos nos aprofundar na identificação dos comportamentos que honram nossos valores (por favor, pelo amor da autoajuda, não pule esta parte). *Não basta definir seus valores, é preciso saber como eles são na vida real. Assim, você terá os verdadeiros resultados que deseja e conquistará a felicidade.*

- **Faça uma lista com seus dois ou três valores principais.** Os valores principais são os que vão guiá-la quando você mais precisar. Quando você estiver diante de uma decisão difícil ou quando tudo desmoronar, vai precisar confiar em algo dentro de si. Esses são seus valores. Vou lhe dar alguns exemplos a seguir, então, não entre em pânico se não conseguir resumir sua lista.
- **Faça uma lista dos comportamentos que honram seus dois ou três valores principais.** Pense nos comportamentos que honram os seus valores como as pedras que vão pavimentar sua estrada.

Vamos começar pela coragem. (Observe que alguns comportamentos são similares, de um valor para outro.)

Começarei por este porque tenho 99,9 por cento de certeza de que, se você está lendo este livro, você tem a coragem como valor. Maya Angelou disse: "Coragem é a mais importante de todas as virtudes, pois sem coragem é impossível praticar qualquer outra virtude de modo consistente." Como venho dizendo *ad nauseum*, provavelmente, é mais fácil para você continuar se isolando, se anestesiando, agradando as pessoas ou sendo perfeccionista. A coragem é difícil, mas quase sempre é o caminho no qual você preferia estar. Vamos lá:

VALORES

Valor: Coragem

Como é a coragem para você?
- Estabelecer limites (isto é, ter conversas difíceis).
- Pedir ajuda quando necessário.
- Partilhar sua história com alguém em quem você confia.
- Ser vulnerável, mesmo que tenha medo disso.

Valor: Espiritualidade/Fé

Como é a espiritualidade e/ou a fé para você?
- Invocar um poder superior regularmente.
- Praticar a gratidão.
- Praticar a atenção plena (isto é, ouvir sua intuição).
- Meditar.
- Ir à igreja.

Valor: Autenticidade

Como é a autenticidade para você?
- Falar sua verdade (isto é, se defender).
- Saber quando você está buscando a perfeição ou agradando os outros e praticar o ato de se respeitar em primeiro lugar.
- Assumir a responsabilidade pelos seus erros e resolver as confusões que criou.
- Mostrar-se como a pessoa imperfeita que você é.

Fique à vontade para usar essa lista e os exemplos que dei ou reescrevê-los com suas palavras. Também pode ser bom usar situações específicas da sua vida nas quais você honrou cada valor ou escolheu *não* honrá-los. Isso vai ajudá-la a ver onde é possível melhorar.

Veja bem, às vezes (está bem, muitas vezes) honrar seus valores é desconfortável. Estamos acostumadas a fazer tudo com medo:

esperamos que gostem de nós, que tudo corra bem e que não tenhamos problemas. Eu espero que você tenha orgulho da pessoa que vê no espelho. E que após tomar uma atitude desconfortável e honrar a pessoa que é, você consiga se sentir bem em relação à decisão que tomou.

Veja um exemplo de uma das minhas clientes, Amanda. Ela estava infeliz com a empresa na qual trabalhava. Não era apenas por causa da má administração; havia injustiças. Ela sentia que estava sendo manipulada, junto com os colegas. Amanda tentou lidar com isso, mas à medida que os meses se passavam ela sentia mais raiva e ressentimento e se viu reclamando frequentemente sobre o trabalho. Em resumo, ela estava se sentindo uma merda em relação ao emprego, porque estavam pisando nos seus valores. Com o tempo, ela percebeu que tinha três escolhas.

1. Não fazer nada, e assim tudo ficaria como estava e, provavelmente, iria piorar. Ela continuaria a sentir raiva do trabalho.
2. Não fazer nada, não dizer nada e, simplesmente, se demitir. Começar do zero.
3. Conversar sobre o que estava acontecendo, pedir mudanças e, se elas não acontecessem, decidir se deveria ficar no emprego ou não.

Ela ficou angustiada sobre o que fazer por várias semanas. Por fim, Amanda escolheu a opção número 3. Ela planejou com antecedência e foi bem clara em relação ao que disse aos gerentes sobre o que precisava mudar e o que ela estava pedindo. Solicitou uma reunião e expôs tudo com coragem. Amanda estava com medo? Sim, muito. Ela sentiu orgulho de si mesma ao fim da conversa? Sim. Eles tentaram negociar, o que não pareceu bom para Amanda, então, ela decidiu se demitir.

Quero deixar bem claro que não a estou estimulando a expressar suas exigências apressadamente em nome da autenticidade ou abandonar o emprego em nome da coragem. Não é uma questão de estar pouco se fodendo. Amanda passou muito tempo decidin-

VALORES

do como comunicar suas preocupações com leveza, delicadeza e sinceridade, além de saber que sua intenção era defender o que ela acreditava, partindo da integridade como valor. Ela não atribuiu todo o sucesso ao *resultado* da conversa. Não é isso que significa honrar seus valores. Não é uma questão de vencer ou arrasar o tempo todo. É uma questão de saber o que é importante para você e o motivo disso, além de saber o que significa agir com base em seus valores. Tudo para que você se sinta bem consigo mesma e tenha orgulho do seu comportamento.

> É uma questão de saber o que é importante para você e o motivo disso, além de saber o que significa agir com base em seus valores. Tudo para que você se sinta bem consigo mesma e tenha orgulho do seu comportamento.

PROCURE OS SINAIS DE ALERTA

A essa altura você, provavelmente, está notando alguns dos seus hábitos e comportamentos que se configuram como sinais de alerta, alertando que você está em desacordo com seus valores. Em outras palavras, quero que você tenha consciência dos momentos em que tomou decisões sem estar se sentindo confortável. Na maioria das vezes, isso procede do medo.

Dois exemplos: ao dizer sim para algo que não queria fazer, você talvez tenha fugido dos seus valores de coragem e autenticidade. Ou, ao fazer fofoca sobre algum conhecido, você fugiu dos seus valores de integridade e gentileza.

Um exemplo mais pessoal vem da época em que realizei essa tarefa comigo mesma. Escrevi meus sinais de alerta e notei que eles apareciam quando eu estava ressentida, descontava meus problemas nos outros ou agia de modo passivo-agressivo. Agora, quando faço isso, sei que não estou honrando o valor da coragem. Isso significa que não tive uma conversa necessária com alguém ou não assumi a responsabilidade por algo, o que vai contra o meu valor de autenticidade. Então, quais são os seus sinais de alerta? O que você estava fazendo, sentindo ou pensando quando se afastou dos seus valores?

ESCOLHA SEU MANTRA E SEU MANIFESTO

A última ferramenta consiste em criar um mantra e um manifesto que a ajude a lembrar dos seus valores. Nós já usamos o mantra, e o manifesto é uma declaração verbal e pública de intenções, motivos ou visões de quem o faz. Em outras palavras, você afirma o que é importante para você (funciona melhor quando você deixa o microfone cair, se possível). Brincadeiras à parte, o manifesto define suas intenções, o que você acredita, além da sua visão.

Você pode recitar seu mantra ou manifesto para si mesma quando a situação ficar ruim. Ou pode dizê-los enquanto estiver fazendo exercícios, yoga, passando o aspirador na casa, a qualquer momento! Eu até fiz algumas clientes associarem o mantra ou o manifesto a movimentos corporais, como saudações ao sol. Geralmente eles são perfeitos para quando você tiver que escolher entre usar um dos hábitos de fuga aos quais está acostumada ou agir de acordo com os seus valores.

Alguns exemplos de mantras:

Eu tenho coragem, eu tenho fé.
Eu sou amor, eu sou sabedoria.
Coragem, fé, amor. (Você pode apenas dizer seus valores e repeti-los.)
Minha mente e meu corpo sabem o que é importante para mim.

Não há um jeito certo ou errado de fazer isso. Só quero que você se sinta bem e inspirada ao fazê-lo, deixando bem claro quais são os seus valores.

VALORES

Em termos de manifesto, um jeito simples de criá-lo é terminando as seguintes frases:

Eu acredito em...
De todo o meu coração, eu...
Tenho paixão por...
Sei com certeza que...
Eu defendo...
Eu amo...
Estou na Terra para...
Vou me amar por...

Garanto que se você fizer esses exercícios e conseguir reconhecer não só os seus valores, como também o que eles significam para você, estará a caminho de uma vida mais rica e plena. Valor é um dos vários antídotos para quando você se sentir uma merda. Conhecê-los permite que eles abram seus caminhos.

Faça a si mesma as perguntas difíceis:

- Quais são os seus valores?

- Como seus valores aparecem na vida real? Que comportamentos diários levam a eles?

- Você se lembra de um momento no qual não honrou seus valores? Como você se sentiu com relação a isso? O que poderia ter feito diferente para honrá-los naquela ocasião?

- Quais são os sinais de alerta que avisam quando você se afastou dos seus valores?

CAPÍTULO 16

O que eu sei que é verdade

Na etapa final deste livro, viajei para casa em San Diego para visitar amigos e ver meu pai. Eu almocei com ele, foi uma boa visita, tudo estava ótimo e normal.

Quase três meses depois, minha madrasta avisou que ele estava no hospital com grave anemia, recebendo transfusões de sangue e sendo examinado pelos médicos. Logo depois, foi confirmado que ele tinha uma forma rara de leucemia e que só teria poucos meses de vida. Enquanto tentava assimilar o fato de que meu pai tinha uma doença terminal, eu também percebi que jamais havia perdido alguém próximo e me sentia completamente despreparada para o que estava por vir.

Peguei o avião para casa e ajudei a cuidar dele por vários dias, que aqueceram e destroçaram meu coração ao mesmo tempo. Quando ele morreu, no dia 16 de outubro de 2016, eu estava ao lado da cama enquanto ele recebia os cuidados paliativos em uma bela instituição localizada perto da praia em minha cidade natal.

Fiquei arrasada. Foi um desses momentos em que tudo desmoronou e eu precisava tomar decisões todos os dias. Foi irônico, na verdade. Eu estava escrevendo este livro sobre hábitos que fazem com que nos sintamos uma merda quando a vida fica difícil, e enfrentava o maior desafio da minha vida. Será que eu pagaria as minhas próprias palavras?

COMO PARAR DE SE SENTIR UMA M✱RDA

Eu poderia ter tido uma recaída em vários hábitos descritos neste livro. Poderia ter passado dias me recriminando por não ter sido uma filha melhor e por sair do local onde cresci. Eu poderia ter me isolado e não confiado em ninguém, ou corrido direto para o comportamento controlador e o perfeccionismo para ter algo certo em que me apoiar. Poderia ter sido "a forte" e deixado todos desabarem enquanto permanecia inabalável. Também poderia ter jogado a culpa nos outros.

Meu comportamento questionável favorito era me anestesiar. Eu poderia ter voltado a beber, ou calçado os tênis e corrido até parecer que as pernas iam se descolar do meu corpo. Poderia ter ido ao shopping com um cartão de crédito. Tudo para fugir do pânico, da tristeza e da excruciante e arrasadora sensação que me tomava por inteiro.

E quer saber? Eu *tive* alguns desses comportamentos. Pensei, arrependida, sobre como poderia ter sido uma filha melhor. Houve alguns dias em que me isolei e não disse a ninguém que estava sofrendo. Eu fui além das expectativas, e me dediquei a várias tarefas. Fiquei com raiva de quem não merecia. Quando recebi a notícia de que meu pai estava em estado terminal, entrei em pânico, peguei o carro, fui ao shopping procurar o vestido perfeito para o funeral e acabei gastando muito dinheiro em um vestido e um par de sapatos que só iria usar uma vez. Ao sair da loja, senti alívio... Por uns cinco minutos.

Mas não tem problema ter feito tudo isso.

A dor traz à tona a parte mais crua da nossa humanidade. Todas as nossas emoções nos conectam. A alegria que sentimos, o amor que temos, uns pelos outros, a agonia que vivenciamos ao perder alguém. Todas nós conhecemos esses sentimentos. Todas nós os temos. Somos seres humanos falíveis cambaleando pela vida, recaindo em hábitos e comportamentos que não fazem com que nos sintamos bem apenas porque temos medo e fazemos o melhor possível, dia após dia.

Não há nada de errado em desmoronar algumas vezes. Minha esperança é que você reconheça sua situação, saiba o que é impor-

O QUE EU SEI QUE É VERDADE

tante para você e faça escolhas conscientes. Quero que confie em si mesma o bastante para saber que, mesmo se tiver uma recaída nesses hábitos, será por pouco tempo, e você ficará bem após atravessar o fogo. Saiba que vai se recompensar com boa vontade e ternura, fazendo o melhor que puder. Porque é só isso que podemos fazer.

Agora você está equipada com incontáveis ferramentas e, com sorte, autoconhecimento suficiente para saber que pode sobreviver aos bons momentos e aos mais desafiadores.

Como eu nunca tinha perdido alguém dessa forma, após encarar a mortalidade do meu pai, pela primeira vez desenvolvi uma nova perspectiva em relação ao que é verdade sobre a vida.

Eu realmente acredito que todas nós estamos aqui para aprender, servir e amar os outros e a nós mesmas. Você é responsável por tudo isso. São três coisas igualmente difíceis de fazer e representam um compromisso assustador. Mas quando prometemos fazer isso, aprender, servir e amar podem ser os atos mais lindos que você praticará na vida.

Eu realmente acredito que a felicidade é medida pela saúde dos relacionamentos que temos com as pessoas de quem mais gostamos.

Eu realmente acredito que estamos, todas, tentando nos encontrar, encontrar umas às outras e fazer o caminho de volta umas para as outras.

Eu também acredito que se caminharmos na direção das nossas dores *e também* das alegrias, em vez de fugir delas, e se falarmos mais abertamente sobre essas dores e alegrias, vamos nos curar e aumentar a conexão entre nós. Ao criar essas conexões, você vai perceber que era tudo o que sempre quis.

E eu realmente acredito que nesta vida estamos apenas acompanhando umas às outras, em uma caminhada para casa.

FONTES DE PESQUISA

A coragem de ser imperfeito, de Brené Brown
Mindsight, de Dan Siegel
The Body Keeps the Score, de Bessel van der Kolk
The Secret Thoughts of Successful Women, de Valerie Young

AGRADECIMENTOS

Em primeiro lugar, eu gostaria de agradecer a todas as mulheres que fazem parte da comunidade Your Kick-Ass Life (Sua Vida Fodástica, em tradução livre), minhas clientes particulares e as mulheres dos meus programas de grupo. Suas histórias, abertura e disposição para mudar me inspiraram mais do que consigo expressar em palavras. Este livro nasceu quando vocês partilharam a vida comigo.

Tenho imensa gratidão pelas amigas que me ajudaram ao longo desta jornada. Amy (Goulet) Smith, Kate Anthony, Kate Swaboda e Courtney Webster. Lisa Grossman, você não faz ideia do quanto me ajudou e ajudou este livro. Carrie Klassen, nossa amizade, embora baseada em circunstâncias envolvendo o luto, significa tudo para mim. Obrigada.

Ao meu agente literário, Steve Harris, que ficou ligando para perguntar sobre "aquele segundo livro" e acendeu em mim o fogo para que eu logo começasse. Obrigada por gargalhar quando contei o título que desejava para este livro, e por aceitá-lo. Agradeço também à equipe da Seal Press, especialmente Laura Mazer, cujo talento, paciência e palavras carinhosas foram imensamente úteis.

Jason, Colton e Sydney, obrigada pela alegria que me dão. Vocês sempre são a melhor parte do meu dia.

E agradeço a meu pai. Obrigada por me amar, acreditar em mim e me dar a honra de acompanhá-lo de volta para casa.

Este livro foi composto na tipologia Minion Pro,
em corpo 11,5/14,75, e impresso em papel off-white
no Sistema Cameron da Divisão Gráfica
da Distribuidora Record.